Aktivt dansk

Lise Bostrup

AKTIVT DANSK

En begynderbog i dansk for udenlandske studerende

Alfabeta

Aktivt dansk

Lise Bostrup

© Alfabeta 2012
Et forlag under Lindhardt og
Ringhof Forlag A/S, et selskab i Egmont.

Mekanisk, fotografisk, elektronisk eller
anden gengivelse af denne bog eller
dele heraf er kun tilladt efter Copydans regler.

Forlagsredaktion: Helle Lehrmann Madsen
Illustrationer: Annette Carlsen
Grafisk tilrettelægning: Søren Maarbjerg

Trykkeri: Livonia

3. gennemreviderede udgave, 6. oplag 2016

ISBN: 978-87-636-0305-8

www.alfabetaforlag.dk

Indhold

Forord

Aktivt dansk er en klassiker i undervisningen i dansk for udlændinge. Siden 1988 har over 50.000 udlændinge lært dansk ved hjælp af bogen. Det var en succes, som ingen og slet ikke jeg havde drømt om, da jeg udarbejdede den første udgave af bogen som lektor i dansk på Westfälische Wilhelmsuniversität i Münster.

Der er sket meget i verden, i Danmark, i det danske sprog og i pædagogikken siden 1988, og jeg er derfor meget taknemmelig for, at forlaget Alfabeta har valgt at udgive en helt ny udgave af *Aktivt dansk,* en udgave med opdaterede tekster, nye afsnit til den aktive indlæring af udtale og helt nye tegninger af Annette Carlsen.

Grundideen bag *Aktivt dansk* er at kombinere den kommunikative og den traditionelt akademiske tilgang til sprogindlæringen, sådan at de studerende både lærer strukturer, der er direkte anvendelige i hverdagen, og får en indføring i de grundlæggende grammatiske og fonetiske forhold.

Aktivt dansk kan med fordel suppleres med materialer som f.eks. *Intensivt dansk – en øvebog i dansk for udenlandske studerende* og hæfterne *Aktivt dansk – grammatik og ordlister* på engelsk, tysk, fransk, italiensk, russisk, arabisk, tyrkisk, lettisk, spansk og bulgarsk.

Vanløse, den 12. december 2011

Lise Bostrup

Indledning

Stoffet

Aktivt dansk er bygget op omkring 25 dialoger.

Der er to grundtyper:

Den første består af en række situationer, som udlændinge kommer ud for i Danmark, uanset om de kommer for at blive i landet, på et kortvarigt studieophold eller som turister. Det drejer sig f.eks. om situationer, hvor man skal

- præsentere sig
- hilse på nogen
- købe ind
- bestille noget på en café eller på en restaurant
- bede om at få gentaget noget, man ikke har forstået.

Den anden grundtype består af en række situationer, hvor man taler om noget. Her drejer det sig om emner som

- studier og job
- film og bøger
- mennesker, man kender
- familieforhold
- vejret
- ferie i Danmark.

Mange af bogens dialoger udspilles blandt yngre danskere, men der findes også situationer, hvor unge og ældre taler sammen, hvor to ældre mødes, og situationer, hvor der tales mere eller mindre formelt.

Progressionen

Dialogerne er placeret i en rækkefølge, således at de simpleste sproglige strukturer præsenteres før de mere komplicerede. Indholdet i progressionen kan skitseres således:

Lektion 1 : Præsentation

Hej, hvad hedder du?

Fortælle, hvad man hedder, hvor man kommer fra, og hvilke sprog man taler, og spørge om det samme.

Personlige pronominer i singularis, verberne "hedde", "komme", "være" og "kunne" i præsens, det danske alfabet (s. 116) og tallene 1-10 (s. 117).

Udtalen af ord med og uden stød, forskellen mellem [ð] og [l].

Lektion 2 : At hilse på nogen

Hvordan går det?

Hilse på nogen, spørge, hvordan det går, fortælle det og tage afsked.

Substantivernes utrum og neutrum, ubestemt og bestemt form singularis, ugedagene, tallene 10-100. Hvis man ønsker at udvide ordforrådet, kan man inddrage oversigten over kroppen s. 119.

Udtalen af de forskellige vokaler.

Lektion 3 : En invitation

Vil du med i Tivoli?

Invitere nogen hjem eller ud, kende klokken og dagens gang fra morgen til nat, svare positivt eller negativt på en invitation og forklare, hvorfor man evt. ikke kan komme.

Personlige pronominer i pluralis, brugen af "ja" og "jo", dynamisk form af adverbierne "hen" og "hjem", modalverberne "vil", "skal" og "kan".

Udtalen af ord med $[a]$ og $[\alpha]$.

Opbygning af de enkelte lektioner

Alle lektionerne er opbygget på samme måde. De består af

- en grunddialog, der er indtalt på cd

- en række sproglige strukturer, hvori det nye stof præsenteres

- en udfyldningsøvelse

- en friere øvelse med tegnet instruktion

- en udtalefase, hvor der fokuseres på et eller flere fonetiske fænomener, og kursisterne opfordres til at gentage og løse nogle opgaver

- en lytteøvelse, der er indtalt på cd

- et rollespil

Denne opdeling bygger på en tredeling af undervisningen i

- en præsentationsfase, hvor det nye stof introduceres

- en øvefase, hvor det nye stof trænes i bundne opgaver

- en perfektionsfase, hvor det nye stof bruges i friere sammenhæng.

Anvendelsen af de enkelte lektioner i undervisningen

De 25 lektioner i *Aktivt dansk* kan anvendes på mange forskellige måder alt efter timetallet, kursistgruppens forudsætninger og motivation. Bogen kan også anvendes til selvstudium.

Den følgende gennemgang af arbejdsformer er derfor kun tænkt som ideer, som den enkelte lærer kan hente inspiration fra.

Præsentationsfasen

Det nye stof præsenteres gennem strukturerne. Læreren gennemgår strukturerne mundtligt i klassen med bogen lukket. I lektion 1 begynder læreren at præsentere sig selv: "Jeg hedder Lise" og spørger så "Hvad hedder du?" uden brug af oversættelse til kursisternes sprog.

I lektion 3 introduceres først "Jeg skal på café". Dernæst "Vil du med?" og så kommer de øvrige strukturer af sig selv: "Ja, det vil jeg gerne". "Nej, det vil jeg ikke". "Nej, det kan jeg ikke. Jeg skal på arbejde". "Hvornår?". "Klokken 8 i aften". "Fint. Vi ses i aften klokken 8".

Efter min erfaring er det bedst at blive i det danske sprog og træne strukturerne mundtligt, indtil de kan udtales og anvendes naturligt. Når alt det nye stof er gennemgået og anvendt i små runder, hvor kursisterne spørger hinanden, åbnes bøgerne, og strukturerne læses.

Strukturerne er skrevet med en brug af (), (/), / og [], som kræver en lille forklaring.

En parentes () om et ord betyder, at det kan udelades, uden at udtrykket skifter betydning. I svaret på spørgsmålet "Kan du tale dansk?" er det muligt at svare "Ja, det kan jeg godt", og "Ja, det kan jeg". Dette markeres således: "Ja, det kan jeg (godt)".

En parentes med en skråstreg om et ord (/) betyder, at ordet kan skiftes ud med det foregående, hvis man ønsker at udtrykke noget andet.

Når der står "Hvad hedder du (/ han / hun)?", betyder det, at man kan stille tre spørgsmål "Hvad hedder du?", "Hvad hedder han?" og "Hvad hedder hun?" ud fra denne struktur.

En skråstreg alene står mellem alternative udtryk. På spørgsmålet "Kan du tale dansk?" kan man således vælge mellem fire forskellige svar, nemlig "Ja, det kan jeg (godt). / Ja, lidt. / Meget lidt. / Nej, det kan jeg ikke."

En kantet parantes [] betyder, at det er udtalen, der angives. Der findes en oversigt over de anvendte fonetiske symboler på side 117.

Når strukturerne er læst, og kursisterne har forstået deres indhold, deres pragmatiske funktion og deres grammatiske opbygning, spilles lektionens dialog. Det kan være en god idé at spille den flere gange og lade kursisterne gentage sætningerne. Der er især i undervisningen i dansk uden for Danmarks grænser et stort behov for at høre sproget udtalt af flere forskellige danskere. Når man har hørt dialogen, kan man lade kursisterne overtage dialogens roller og læse op i klassen.

Øvefasen

I øvefasen skal kursisterne lære at anvende det nye stof. Først skal de indsætte de manglende ord i udfyldningsøvelsen. Det er vigtigt at påpege, at der kun skal indsættes ét ord på hver tom plads. Mens kursisterne leder efter et ord, der passer (der kan godt være flere muligheder), bliver de nødt til at arbejde lektionens strukturer igennem igen, og da der hele tiden gribes tilbage til tidligere indlært stof, forhindres kursisterne i at glemme det foregående.

Udfyldningsøvelsen egner sig godt til pararbejde i undervisningstiden, men den kan også gives for som skriftligt hjemmearbejde.

I arbejdet med lytteøvelsen trænes genkendelse af de indlærte strukturer.

Lytteøvelserne er dialoger, der gør brug af de samme sproglige strukturer som lektionens dialog, men viser dem i en lidt anden sammenhæng.

I lektion 2 handler lektionens dialog f.eks. om to unge mennesker, der møder hinanden tilfældigt, og i lytteøvelsen hører man så en dialog mellem to ældre mennesker, der omgås hinanden mere formelt.

Lytteøvelsen spilles først et par gange i sin helhed, og kursisterne skal så svare på de spørgsmål, der er trykt i bogen.

Når man har arbejdet spørgsmålene igennem, kan man spille øvelsen sætning for sætning og lade kursisterne gentage på skift og derefter skrive sætningerne op på tavlen.

Denne arbejdsform skærper kursisternes opmærksomhed over for forholdet mellem talt og skrevet dansk, og får dem til at lægge mærke til detaljer og nuancer. Når teksten er

skrevet op, kan man lade et par stykker læse den op, og så vil det ofte vise sig, at udtalen er blevet forbedret gennem den skærpede opmærksomhed.

Intensiv udtaletræning

Når strukturerne er på plads, følger en fase, hvor der fokuseres på et eller to fonetiske fænomener. Her arbejder man med genkendelse, forståelse af fonetiske sammenhænge og gentagelse. På siderne 125-135 findes samtlige lektioner med markerede tryk og stød. Her kan man afspille cd'en, lægge mærke til de fonetiske forhold og gentage strukturerne, så de studerendes udtale bliver optimal.

Perfektionsfasen

I perfektionsfasen skal kursisterne anvende det indlærte i en friere form. På baggrund af bogens illustrationer skal der laves dialoger, fortælles små historier og beskrives billeder. Der stilles hele tiden krav om, at kursisterne kombinerer det allerede indlærte med det nye, og at de bruger deres sproglige kreativitet.

Det er imidlertid vigtigt at påpege, at det drejer sig om at bruge det, man har lært – ikke om at kaste sig ud på dybt vand og ved hjælp af en ordbog konstruere sig frem til komplicerede (og ofte forkerte) konstruktioner. De frie øvelser kan enten laves i tomandsgrupper i undervisningstiden eller gives for som skriftligt hjemmearbejde fra gang til gang.

Alle lektionerne afsluttes med et rollespil, som er beregnet til finpudsning af det indlærte. Kursisterne producerer dialoger i tomandsgrupper og øver sig på at fremføre dem uden at kigge i bogen. Som afslutning på forløbet omkring en lektion lukkes alle bøgerne, og kursisterne opfører deres rollespil for de andre. Efter denne fase bør alle have en følelse af at have tilegnet sig noget nyt, og så kan man gå videre til næste lektion.

Hej! Hvad hedder du?

Anna : Hej. Jeg hedder Anna. Hvad hedder du?
Tom : Jeg hedder Tom. Hvor kommer du fra?
Anna : Jeg er dansker.
Tom : Kommer du fra København?
Anna : Nej, fra Odense. Hvad med dig? Hvor kommer du fra?
Tom : Jeg er amerikaner. Jeg kommer fra New York. Kan du tale engelsk?
Anna : Ja, det kan jeg godt. Kan du tale dansk?
Tom : Ja, lidt.

STRUKTUR 1

A : Hvad hedder du?
B : Jeg hedder Tom.

STRUKTUR 2

A : Hvad hedder I?
B : Vi hedder Anna og Tom.

STRUKTUR 3

A : Hvor kommer du fra?
B : Jeg kommer fra Danmark (/ USA, Tyskland / Tyrkiet / England / Frankrig / København / Jylland).

STRUKTUR 4

A : Hvor kommer du fra?
B : Jeg er dansker (/amerikaner / tysker / tyrker / englænder / franskmand / københavner / jyde).

STRUKTUR 5

A : Kan du tale (/ engelsk / tysk / fransk)?
B : Ja det kan jeg (godt). / Ja, lidt. / Meget lidt. / Nej, det kan jeg ikke.

STRUKTUR 6

A : Hej. Jeg hedder Anne. Jeg er dansker, og jeg kan tale dansk og engelsk, men jeg kan ikke tale tysk. Hvad med dig?
B : Jeg hedder Tom. Jeg er amerikaner, og jeg kan tale engelsk og lidt dansk.

Indsæt et ord på hver linje

A : _____ du tale dansk?

B : Ja, _____ kan jeg godt. Kan _____ ?

A : _____ , lidt.

B : _____ hedder du?

A : Mary.

B : _____ hedder Chang.

A : _____ kommer du fra?

B : Jeg kommer _____ Kina. Hvad _____ dig?

A : Jeg _____ englænder.

A : Jeg _____ Klaus. _____ hedder I?

B : _____ hedder Jesper, og hun _____ Åse.

A : Hvor kommer _____ fra?

B og C : _____ Danmark.

A : Kommer _____ fra København?

B og C : Ja, vi _____ fra Østerbro i København.

A : Kommer du _____ København?

B : _____ , jeg _____ jyde. Jeg _____ fra Esbjerg.

Hvad med jer? Kommer _____ fra København?

A og C : Nej, jeg _____ tysker, og Peter _____ amerikaner.

A : Er _____ dansker?

B : Nej, jeg kommer _____ Italien.

A : Fint, jeg _____ tale lidt italiensk.

A : _____ du tale engelsk?

B : Ja, men jeg vil gerne _____ dansk.

A : Fint.

Udtaletræning 1

Lyt og gentag

1	2	3	4	5	6	7	8	9	10
11	12	13	14	15	16	17	18	19	20
21	22	23	24	25	26	27	28	29	30

Lyt, fyld ud og øv udtalen

+ stød	÷ stød
1, 2,	4, 6

Lyt og gentag

[ð] tredive, hvad, hedder, Odense, meget, Tyrkiet
[l] elleve, tolv, tale, engelsk, Tyskland

Lytteøvelse 1

Lyt og svar på spørgsmålene

1 : Hvad hedder hun? _____

2 : Hvor kommer hun fra? _____

3 : Hvad hedder han? _____

4 : Hvor kommer han fra? _____

5 : Kan han tale dansk? _____

Perfektionstræning

Udfyld dialogen og lær den udenad

A : Hej. Jeg _____ .

    Hvad _____ du?

B : _____ .

    Er du dansker?

A : Nej, _____ .

    Hvor _____ ?

B : _____ .

A : Kan du tale _____ ?

B : _____ .

    Kan du tale _____ ?

A : _____ .

Hvordan går det?

Anna **:** Hej Tom. Hvordan går det?
Tom **:** Fint. Hvordan går det med dig?
Anna **:** Ikke særlig godt.
Tom **:** Hvad er der i vejen?
Anna **:** Jeg er meget, meget forkølet.
Tom **:** Det var ikke så godt. God bedring!
Anna **:** Tak skal du have. Nå, vi ses i morgen. Hav en god dag!
Tom **:** Tak i lige måde. Hej-hej.
Anna **:** Hej-hej.

Dmv - "dow"
går det - "gord"
meget - "mali"
med-dig - "madie"

STRUKTUR 1

A **:** Hej. / Dav. / Davs. / Goddag.
B **:** Hej. / Dav. / Davs. / Goddag.

STRUKTUR 2

A **:** Hvordan går det?
B **:** (Det går) fint (/ godt / meget godt / ikke særlig godt). Hvad med dig?
A **:** (Det går (også)) godt. / (Det går (heller)) ikke særlig godt.

STRUKTUR 3

A **:** Hvordan går det med dig?
B **:** Det går ikke så godt.

STRUKTUR 4

A **:** Hvad er der i vejen med dig?
B **:** Jeg er træt (/ forkølet / syg). / Jeg har influenza(/ tømmermænd).

STRUKTUR 5

A **:** Har du feber (/ ondt i halsen (/ maven / ryggen / benet / hovedet / øret / øjet / benene / ørene / øjnene))?
B **:** Ja, lidt (/ meget).

STRUKTUR 6

A **:** God bedring. / Hav en god dag. / Hav en god weekend.
B **:** Tak skal du have. / Tak i lige måde.

STRUKTUR 7

A **:** Vi ses. / Vi ses i morgen. / Vi ses på mandag (/ på tirsdag / på onsdag / på torsdag / på fredag / på lørdag / på søndag / i weekenden).
B **:** Ja, det gør vi.

STRUKTUR 8

A **:** Hej. / Hej-hej. / Farvel.
B **:** Hej. / Hej-hej. / Farvel.

Indsæt et ord på hver linje

A : Dav.

B : _____ . Hvordan går _____ ?

A : _____ godt. Hvad med _____ ?

B : Det _____ også godt.

A : _____ går det?

B : Ikke _____ godt.

A : Hvad er der i _____ ?

B : Jeg har _____ i maven.

A : Det var _____ så godt. God _____ !

B : _____ skal du _____ .

A : Hvordan går det _____ Anne?

B : _____ så godt.

A : Hvad er _____ i vejen?

B : _____ har influenza.

A : Hej. Hvordan _____ det?

B : Ikke særlig _____ .

A : Hvad er der i _____ ?

B : Jeg _____ meget forkølet. Hvad med _____ ?

A : Jeg har _____ .

B : Åh nej, har du _____ i hovedet?

A : Ja, og jeg _____ også meget træt.

B : _____ bedring!

A : Tak i lige _____ ! Vi _____ i morgen!

B : Ja, det _____ vi.

A : Hej. Hvordan går det med _____ ?

B : Fint, tak, og hvad med _____ ?

A : Det går _____ . Vi ses på lørdag, ikke?

B : Jo, det gør _____ . Hav en _____ dag!

A : Tak i lige _____ .

Hvordan går det?

Udtaletræning 2

Lyt og gentag

1: i   2: e   3: æ   4: a   5: y   6: ø   7: u   8: o   9: å

Lyt, fyld ud og øv udtalen

1	2	3	4	5	6	7	8	9
i								

Lyt, fyld ud og øv udtalen

1 : København

2 : _____

3 : _____

4 : _____

5 : _____

Lytteøvelse 2

Lyt og svar på spørgsmålene

1 : Hvad hedder hun? _____

2 : Hvad hedder han? _____

3 : Hvad er der i vejen med hende? _____

4 : Hvad er der i vejen med ham? _____

Perfektionstræning

Udfyld dialogen og lær den udenad

A : _____ .

B : Hej. Hvordan _____ ?

A : Det går godt. Hvad med _____ ?

B : Det går ikke særlig godt.

A : Hvad _____ ?

B : _____ .

A : _____ .

    Vi ses _____ .

B : _____ .

    Farvel.

Vil du med i Tivoli?

Klaus	:	Hej!
Anna	:	Hej Klaus! Hvordan går det?
Klaus	:	Fint. Hvordan går det med jer?
Anna	:	Godt.
Klaus	:	Mads og jeg skal i Tivoli i aften. Vil I ikke med?
Mikkel	:	Jo, men jeg kan ikke. Jeg skal på arbejde.
Anna	:	Jeg vil gerne med. Hvornår?
Klaus	:	Klokken halv ni.
Anna	:	Det er fint. Vi ses i aften.
Klaus	:	Ja, det gør vi, og hav en god aften, Mikkel!
Mikkel	:	Tak i lige måde. Hej-hej!
Klaus	:	Hej-hej!

STRUKTUR 1

A : Hvor skal du (/ I) hen?

B : Jeg (/ vi) skal hjem (/ hjem til Emil / i skole / i byen / i biografen / i teatret / i banken
/ i kirke / i Tivoli / på arbejde / på café / på bar / på restaurant / på universitetet / på ferie / til fest /
til eksamen / til læge / til koncert / til Århus).

STRUKTUR 2

A : Vil du (ikke) med hjem (/ i byen / på café / til fest)?

B : Ja (/ jo), det vil jeg gerne. / Nej, det kan jeg ikke. Jeg skal på arbejde.

STRUKTUR 3

A : Hvornår?

B : Nu. / I dag. / I formiddag. / I eftermiddag. / I aften. / I morgen. / I overmorgen.
/ I morgen aften. / Lørdag aften.
/ Klokken 8 / (Klokken) halv 8 (/ kvart over 8 / kvart i 8 /
5 minutter over 8 / 5 minutter i 8 / 5 minutter i halv 8 /
5 minutter over halv 8 / (Klokken) 22.00 / 22.10 / 22.30.

Indsæt et ord på hver linje

A : Hej. Hvordan _____ det?

B : Fint. Hvad _____ dig?

A : Også _____ .

B : Hvor skal du _____ ?

A : Jeg skal _____ café. Vil du _____ ?

B : Ja, det vil jeg _____ .

A : Hej. _____ går det med jer?

B og C : Det går _____ . _____ skal i byen nu. Vil du med?

A : Nej, det _____ jeg ikke. Jeg _____ på universitetet.

A : Hej. Hvordan går det med _____ ?

B og C : Ikke særlig _____ .

A : Hvad er der i _____ .

B og C : Vi _____ tømmermænd.

A : Åh nej. Nå, jeg skal _____ arbejde.

B og C : Vil du ikke med _____ fest _____ aften?

A : Jo, det _____ jeg gerne. _____ ?

B og C : _____ 19.30.

A : Det _____ jeg ikke. Jeg skal _____ biografen med Anna.

B og C : OK. Hej-hej.

A : Vil du med _____ Helsingør _____ morgen?

B : Ja, meget _____ . _____ ?

A : I morgen _____ klokken 15.

B : Åh nej, jeg skal i skole til _____ 15. Hvad _____ klokken 16?

A : Det er også fint. Vi ses i _____ klokken 16. Farvel.

B : _____ .

A : _____ skal du på arbejde?

B : I _____ klokken 6. Hvad med _____ ?

A : Jeg skal ikke på arbejde _____ morgen. Jeg skal _____ Tivoli.

B : OK. _____ en god dag.

A : Tak i _____ måde.

Vil du med i Tivoli?

Udtaletræning 3

Lyt, fyld ud og øv udtalen

Arbejde, bar, biograf, dag, dav, davs, eftermiddag, eksamen, farvel, fra, goddag, halv, hvad, hvordan, influenza, ja, kan, kvart, København, mandag, mange, maven, tak, teater.

[a]	[α]
café	aften

Lytteøvelse 3

Lyt og svar på spørgsmålene

1 : Hvor skal Mikkel og Anna hen? _____

2 : Hvor skal Ida hen? _____

3 : Hvor og hvornår skal de ses? _____

Perfektionstræning

Udfyld dialogen og lær den udenad

A : Hej _____.

B : Hej. Hvordan _____?

A : _____.

    Hvad med dig?

B : _____.

A : Vil du med _____?

B : Hvornår?

A : _____.

B : Nej, _____.

    men hvad med _____?

A : _____.

Hvad skal du lave i weekenden?

Anna : Hvad skal du lave i weekenden?

Søren : Åh, ikke noget særligt. Jeg skal se fjernsyn og sådan noget. Hvad med dig?

Anna : Jeg skal på arbejde på fredag, men på lørdag skal jeg holde fest. Vil du med?

Søren : Det lyder godt. Hvornår?

Anna : Klokken 19.

Søren : Skal vi spise?

Anna : Ja, du må gerne tage en flaske vin med.

Søren : Fint. Vi ses lørdag aften klokken 19.

Anna : Ja, det gør vi. Hej-hej!

Søren : Hej-hej!

STRUKTUR 1

A : Hvad skal du lave i dag (/ i eftermiddag / i aften / i morgen / i morgen formiddag / i overmorgen /
på lørdag / i weekenden)?

B : Jeg skal læse (/ arbejde / spise / chatte / danse / sove / gå en tur / løbe / cykle / træne / skrive en
opgave / besøge Mads / drikke te / have gæster / holde fest / lave mad / dække bord / spise middag
/ drikke vin / høre musik / se fjernsyn / vaske op / gøre rent / slappe af / købe ind / ringe til Mads /
tale med Mads).

STRUKTUR 2

A : Hvad skal du lave i weekenden?

B : På lørdag skal jeg have gæster, og på søndag skal jeg slappe af.

STRUKTUR 3A

A : Jeg skal have gæster på lørdag.

B : Det lyder godt.

STRUKTUR 3B

A : Jeg skal på arbejde i weekenden.

B : Det lyder ikke så godt.

STRUKTUR 4A

A : Jeg vil gerne slappe af i weekenden.

B : Det vil jeg også.

STRUKTUR 4B

A : Jeg kan ikke besøge Mads på fredag.

B : Det kan jeg heller ikke.

STRUKTUR 5

A : Skal jeg ikke hjælpe dig?

B : Jo tak. Du må gerne købe ind (/ lave mad / dække bord / vaske op).

STRUKTUR 6

A : Tak for hjælpen.

B : Selv tak. / Det var så lidt.

Indsæt et ord på hver linje

A : _____ skal du lave i weekenden?

B : Jeg skal _____ Annette.

A : Hvad skal I _____ ?

B : Vi skal _____ dansk og _____ hjemmearbejde.

A : Det _____ godt.

B : Hvad _____ dig? Hvad skal _____ lave?

A : Jeg skal _____ fjernsyn og _____ af.

B : OK. Hav en _____ weekend!

A : Tak i _____ måde.

A : Hvad skal du _____ i aften.

B : Jeg skal _____ rent og _____ op.

A : Det _____ ikke så godt. Vil du _____ med på café?

B : Nej tak. Jeg skal _____ 14 gæster _____ lørdag.

A : Skal du _____ ind og _____ mad til 14 gæster?

B : Ja.

A : Mads og jeg skal _____ Skagen på lørdag.

B : Hvad skal _____ lave der?

A : Vi skal _____ af og _____ musik.

B : Det lyder godt.

A : _____ du med?

B : Nej tak. Jeg skal _____ en opgave til på mandag, men god weekend!

A : Tak _____ lige måde.

A : Jeg skal holde _____ i morgen aften. Vil du _____ ?

B : Ja tak, _____ gerne. Skal jeg hjælpe _____ ?

A : Du må gerne _____ ind og _____ mad sammen med

_____ .

B : Fint, det vil jeg _____ .

Udtaletræning 4

Lyt, fyld ud og øv udtalen

Fint, fire, firs, ikke, ind, lektion, lidt, lige, mig, musik, ni, rigtig, ringe, skrive, spille, spise, station, ti, til, Tivoli, universitet, video, vi, vil, vin.

[i]	[e]	[æ]	[j]	[ɑ]
biograf	eftermiddag	drikke	invitation	dig

Lytteøvelse 4

Lyt og svar på spørgsmålene

1 : Hvad skal Mette lave i weekenden? _____

2 : Hvor skal hun hen i næste weekend? _____

3 : Hvad skal de lave der? _____

Perfektionstræning

Udfyld dialogen og lær den udenad

A : Hej. Hvordan _____ ?

B : _____ .

    Hvad _____ ?

A : _____ .

B : Hvad skal du lave i weekenden?

A : _____

B : Skal vi ikke _____ ?

A : Jo, hvornår?

B : _____ .

A : _____ .

    Hej.

B : Hej-hej.

Er du hjemme nu?

Ida	:	Hej Mikkel!
Mikkel	:	Hej Ida! Hvordan går det?
Ida	:	Det går meget godt. Hvad med dig?
Mikkel	:	Det går også godt. Er du hjemme nu?
Ida	:	Ja, det er jeg. Jeg slapper af og hører musik. Hvad med dig? Hvor er du henne?
Mikkel	:	Jeg er på universitetet. Jeg arbejder på en opgave sammen med Peter, men vi har et problem nu. Har du Kristians e-mail-adresse?
Ida	:	Ja, det tror jeg. Et øjeblik. Her er den: KPIE@gmail.com.
Mikkel	:	KPII?
Ida	:	Nej, KPIE, og så @ gmail.com.
Mikkel	:	KPIE@gmail.com.
Ida	:	Ja, det er rigtigt.
Mikkel	:	Godt. Jeg sender ham en mail. Tak for hjælpen, Ida.
Ida	:	Selv tak. Hvornår kommer du hjem?
Mikkel	:	Jeg er hjemme ved 22-tiden. Vi ses. Hej-hej!
Ida	:	Hej-hej!

STRUKTUR 1

A : (Det er) Mette / Mette Holm.
B : Dav (/ Hej / Goddag). Det er Mads (/ Mads Kruse).

STRUKTUR 2

A : Jeg vil gerne tale med Mette Holm.
B : Ja, et øjeblik. / Hun er her desværre ikke i øjeblikket. / Kan du ikke ringe igen lidt senere?

STRUKTUR 3

A : Hvor er du henne?
B : Jeg er hjemme (/ i byen (/ i banken / i biografen) / på café / til (møde / fest) / i Århus).

STRUKTUR 4

A : Hvad laver du?
B : Jeg læser (/ arbejder / spiser / chatter / danser / sover / ser fjernsyn / løber / læser email / læser avis / har gæster / holder fest / laver mad / spiser middag / hører musik / vasker op / rydder op / gør rent / slapper af / køber ind / snakker med Mads.

STRUKTUR 5

A : Er du hjemme nu?   B : Ja, det er jeg. / Nej, det er jeg ikke.
Har du gæster i aften?   Ja, det har jeg. / Nej, det har jeg ikke.
Skal du på arbejde i morgen?   Ja, det skal jeg. / Nej, det skal jeg ikke.
Vil du med til fest?   Ja, det vil jeg gerne. / Nej, det kan jeg ikke.
Kan du komme i aften?   Ja, det kan jeg. / Nej, det kan jeg ikke.

STRUKTUR 6

A : Kommer du i aften?   B : Ja, det gør jeg. / Nej, det gør jeg ikke.
Arbejder du nu?   Ja, det gør jeg. / Nej, det gør jeg ikke.

Indsæt et ord på hver linje

A : _____ du min e-mail-adresse?

B : Nej, det _____ jeg ikke, og jeg har _____ ikke _____ mobilnummer.

A : _____ e-mail er srr@gmail.com, og _____ mobilnummer er 25 45 98 61.

A : Studieskolen. Goddag.

B : Det _____ Mette Jørgensen. Jeg _____ gerne tale med Lars Skov.

A : Han er her ikke _____ øjeblikket.

Vil du _____ hans direkte _____ ?

B : Ja, _____ .

A : _____ er 33 14 67 88.

B : Tak skal du _____ . Farvel.

A : _____ .

A : Hej Finn. Det er Hans.

B : _____ Hans.

A : Må jeg _____ med Sofie?

B : Ja, det må du _____ . Sofie! Telefon!

C : Ja? Hvem _____ det?

B : Det er Hans.

A : _____ er Anna.

B : Hej Anna. Det _____ Maria.

A : Hej Maria. Hvordan _____ det?

B : Det går _____ godt. Du, er Mads _____ ?

A : Nej, han er _____ restaurant med Jesper og Annette.

B : Det _____ godt. Hvornår kommer han _____ ?

A : Han kommer _____ klokken 23.30.

B : Nå, jeg _____ i morgen. Hej.

A : Hej-hej.

A : Det _____ Birthe.

B : Hej Birthe. _____ er Hanne.

A : Hej Hanne. _____ laver du?

B : Jeg _____ rent og _____ op.

Lav dialogerne

Udtaletræning 5

Lyt og gentag

[ŋ]
Ringe, synge, ringer, synger, sang,
engelsk, seng, restaurant, croissant.

[ŋg]
Banken, benzintanken, Frankrig.

Lyt og gentag

Hej Ida! Er Mads hjemme? Han er hjemme, ikke? Han er ikke hjemme, vel?	Jeg vil gerne tale med Mads. Ja, et øjeblik. Nej, han er her ikke. Hvor er han henne? Hvornår kommer han hjem?

Lytteøvelse 5

Lyt og svar på spørgsmålene

1 : Er Thilde hjemme? _____

2 : Hvor er hun henne? _____

3 : Hvornår kommer hun hjem? _____

4 : Hvad er Annes telefonnummer? _____

Perfektionstræning

Udfyld dialogen og lær den udenad

A : _____ .

B : Dav. Det er _____ .

    Er _____ ?

A : Nej, _____ .

B : Hvor _____ ?

A : Han (/ Hun) _____

B : Hvornår _____ ?

A : _____ .

B : Nå, jeg ringer _____ .

A : OK. Hej.

B : Hej-hej.

Vil du med ud at løbe?

Anna	:	Du, Søren, vil du ikke med på Café Sommersko i aften?
Søren	:	Det kan jeg desværre ikke. Jeg skal træne. Vi skal spille mod Vanløse IF på lørdag.
Anna	:	Spiller du fodbold?
Søren	:	Ja, to gange om ugen. Kan du ikke lide fodbold?
Anna	:	Nej, men jeg kan godt lide at løbe. Jeg løber 3 kilometer hver morgen.
Søren	:	Du løber om morgenen! Hvornår står du op?
Anna	:	Klokken 6. Vil du ikke med ud at løbe i morgen?
Søren	:	Nej tak, jeg kan ikke lide at stå så tidligt op.

STRUKTUR 1

A : Dyrker du sport?

B : Ja, jeg løber (/ jogger / cykler / svømmer / surfer / ror / danser / bokser / gør gymnastik / løber på skøjter / spiller fodbold (/ håndbold / tennis)).
Ja, jeg går til svømning (/ dans / gymnastik / fodbold / håndbold).

STRUKTUR 2

A : Kan du godt lide at løbe?

B : Ja, det kan jeg (godt). / Nej, det kan jeg ikke.

A : Det kan jeg (også). / Det kan jeg (heller) ikke.

STRUKTUR 3

A : Jeg elsker at løbe!

B : Det gør jeg også.

STRUKTUR 4

A : Hvor tit løber du?

B : (Jeg løber) hver dag (/ hver morgen / hver aften / en gang om ugen / to gange om ugen / en gang om måneden / to-tre gange om året / aldrig).

STRUKTUR 5

A : Hvad laver du om morgenen (/ om eftermiddagen / om aftenen / om natten / om onsdagen / i weekenden)?

B : Jeg spiser morgenmad (/ løber / cykler / sover / dyrker bodybuilding / slapper af).

STRUKTUR 6

A : Hvornår står du op (om morgenen)?

B : Jeg står op klokken 7. / Jeg står tidligt (/ sent) op.

STRUKTUR 7

A : Hvornår går du i seng (om aftenen)?

B : Jeg går i seng klokken 11. / Jeg går tidligt (/ sent) i seng.

Indsæt et ord på hver linje

A : _____ står du op om morgenen?

B : Klokken 6.

A : Er det ikke _____ tidligt?

A : Jo, men _____ løber en lang tur,

   før jeg _____ morgenmad.

A : _____ du ikke sport?

B : Jo, jeg _____ tennis. Hvad med _____ ?

A : Jeg _____ om sommeren og _____ om vinteren.

A : Er du _____ onsdag aften?

B : Nej.

A : Hvad så _____ torsdag aften?

B : Nej, jeg er _____ ikke hjemme torsdag aften.

A : Hvad _____ du om aftenen?

B : Jeg _____ håndbold fire gange _____ ugen.

A : Kan du _____ lide at svømme?

B : Jo, det _____ jeg godt.

A : Det kan jeg _____ .

A : Dyrker du _____ sport?

B : Nej, ikke rigtig, men somme tider _____ jeg en tur.

A : Hvor _____ dyrker du bodybuilding?

B : To _____ om ugen.

A : _____ ?

B : _____ mandagen og _____ onsdagen.

A : Godnat.

B : Godnat? Hvad _____ klokken?

A : _____ 10.

B : Går du i _____ nu?

A : Ja, jeg _____ altid meget tidligt i seng.

   Jeg løber _____ morgen fra klokken 6.30 til klokken 7.30.

Lærkes dag

Udtaletræning 6

Lyt og gentag

Kan du løbe ¹ma′ra₁ton?
Vi skal til gymna¹stik i ¹aften.
Jeg kan ikke ¹svømme.

Jeg både ¹kan′ og ¹vil!
Vi ¹skal bare ¹vinde ¹kam′pen.
¹Stop ¹nu! ¹Jeg ¹kan′ ¹slet ¹ikke ¹svømme!

Lytteøvelse 6

Lyt og svar på spørgsmålene

1 : Hvor skal Ida hen? _____

2 : Hvor tit skal hun derhen? _____

3 : Kan Klaus lide det? _____

4 : Hvornår kommer Ida hjem? _____

Perfektionstræning

Udfyld dialogen og lær den udenad

A : Det er _____ .

B : Dav, det er _____ .

A : _____ ?

B : Godt. Hvad med dig?

A : _____ .

B : Du, vil du ikke med _____ ?

A : Hvornår?

B : _____ .

A : Jeg kan desværre aldrig om _____

B : Hvad laver du om _____ ?

A : _____ .

Vil du have en kop kaffe?

Anna	:	Hvad vil du have?
Mikkel	:	Jeg vil gerne have en kop kaffe.
Anna	:	Det vil jeg også. Tjener!
Tjeneren	:	Ja?
Anna	:	Vi vil gerne have to kopper kaffe.
Tjeneren	:	Ja. Skal I have noget at spise?
Mikkel	:	Jeg vil gerne have et stykke chokoladekage.
Anna	:	Nej tak.
Tjeneren	:	To kopper kaffe og et stykke chokoladekage.
Anna	:	Ja tak.
		...
Tjeneren	:	Værsgo. Det bliver 71,50 kr.
Anna	:	Værsgo.
Tjeneren	:	Tak.

STRUKTUR 1

A : Hvad vil du have? / Hvad skal du have?

B : Jeg vil gerne have (/ jeg skal have) en kop kaffe (/ cappuccino / te / kakao) / en danskvand (/ en øl / en stor fadøl) / en småkage / et stykke wienerbrød (/ chokoladekage / lagkage / franskbrød med ost) / et glas juice (/ hvidvin / rødvin) / en flaske champagne.

STRUKTUR 2

A : Jeg vil gerne have en kop kaffe.

B : Det vil jeg også. / Det vil jeg ikke. / Jeg vil hellere have en øl.

STRUKTUR 3

A : Jeg skal have en kop kaffe.

B : Det skal jeg også. / Det skal jeg ikke. / Jeg skal have en øl.

STRUKTUR 4

A : (Vi vil gerne have (/ Vi skal have)) to kopper kaffe / to danskvand / to store fadøl / to kager / to stykker kage / to glas juice / to glas hvidvin / to flasker champagne.

B : Værsgo. Det bliver 148 kr.

Indsæt et ord på hver linje

A : Hvad vil du _____ ?

B : Et glas juice og et stykke _____ . Hvad med _____ ?

A : Jeg _____ gerne have en kop te.

B : Tjener!

C : _____ ?

A : _____ vil gerne have _____ glas juice,
_____ stykke kage og _____ kop te.

C : Værsgo. Det _____ 71 kr.

B : _____ .

A : _____ skal vi have?

B : Jeg _____ have en kop kakao.

A : Det skal jeg _____ .

B : Jeg skal også _____ et _____ wienerbrød.
Hvad med _____ ?

A : Jeg vil ikke have noget at _____ .

A : En Tuborg.

B : Værsgo. Noget andet?

A : _____ , tak.

B : 35 kr.

A : _____ .

B : Tak.

A : Skal vi ikke have en _____ god, fransk rødvin?

B : Jo, det lyder _____ . Tjener!

A : Vi _____ gerne have en flaske _____ .

C : Vi har Bordeaux _____ Bourgogne.

A : Hvad _____ en flaske Bordeaux.

B : 120 kr.

A : Det er fint. Vi skal _____ 4 glas. Vores venner _____ om 10 minutter.

C : _____ flaske Bordeaux og 4 _____ ?

A : _____ , tak.

C : _____ øjeblik!

Jeg vil gerne have en kop kaffe

Lav 4 dialoger

Udtaletræning 7

Lyt og fyld ud

Cappuccin<u>o</u>, g<u>o</u>d, g<u>o</u>ddag, g<u>o</u>dt, kaka<u>o</u>, kl<u>o</u>kken, k<u>o</u>mmer, kr<u>o</u>ner, lekti<u>o</u>n, m<u>o</u>rgen, <u>o</u>gså, <u>o</u>ndt, <u>o</u>nsdag, <u>o</u>tte, p<u>o</u>se, t<u>o</u>, t<u>o</u>rsdag, værsg<u>o</u>.

[o]	[å]	[ɔ]
ch<u>o</u>kolade	n<u>o</u>get	k<u>o</u>p

Lyt og overvej betydningsforskellene

Skal I have ˈnoget at ˈspise?
Skal ˈI have ˈnoget at ˈspise?
ˈSkal I have ˈnoget at ˈspise?
Skal I have noget at ˈspise?

Lytteøvelse 7

Lyt og svar på spørgsmålene

1 : Hvad skal han have? _____

2 : Hvad skal hun have? _____

3 : Hvad bliver det? _____

Perfektionstræning

Udfyld dialogen og lær den udenad

A : Hvad _____ ?

B : Jeg _____ .

A : _____ .

Tjener!

C : Ja?

A : Vi _____ .

C : Værsgo. Det bliver _____ .

A : _____ !

C : Tak.

Kom indenfor!

Mikkel : Hej Klaus. Kom indenfor!

Klaus : Tak skal du have. Hvordan går det?

Mikkel : Fint. Hvad med dig?

Klaus : Det går fint. Er Anna ikke hjemme?

Mikkel : Nej, hun er i fitnesscentret.

Klaus : Nu igen?

Mikkel : Ja. Hun elsker fitness. Nå, vil du have kaffe eller te?

Klaus : Det er lige meget.

Mikkel : Så drikker vi en kop kaffe, ikke?

Klaus : Jo. Har du noget sukker?

Mikkel : Ja, det står lige der.

Klaus : Tak skal du have.

Mikkel : Her er kaffen. Værsgo. Vil du også have lidt mælk?

Klaus : Ja tak.

Mikkel : Nu skal jeg hente den. Den står i køleskabet.

Klaus : Tusind tak.

STRUKTUR 1

A : Er du sulten? / Er du tørstig?

B : Ja, det er jeg. / Nej, det er jeg ikke.

STRUKTUR 2

A : Vil du have kaffe eller te?

B : Jeg vil gerne have kaffe. / Det er lige meget.

STRUKTUR 3A

A : Hvor er kaffen (/ teen / mælken / fløden / kaffekanden / koppen / osten / posen) (henne)?
Jeg kan ikke finde den.

B : Den står (/ ligger) i skabet (/ køleskabet / posen / skuffen) / på bordet (/ gulvet).

STRUKTUR 3B

A : Hvor er sukkeret (/ smørret / franskbrødet / wienerbrødet / fadet) (henne)?
Jeg kan ikke finde det.

B : Det står (/ ligger) i skabet (/ køleskabet / posen / skuffen) / på bordet (/ gulvet).

STRUKTUR 3C

A : Hvor er kopperne (/ kagerne / underkopperne / nøglerne / glassene / tallerknerne / pengene) (henne)? Jeg kan ikke finde dem.

B : De står (/ ligger) i skabet (/ køleskabet / posen / skuffen / i opvaskemaskinen) / på bordet (/ gulvet).

Indsæt et ord på hver linje

A : Hvor skal du _____ ?

B : Jeg skal _____ arbejde, men jeg kan ikke _____ nøglerne.

Kan du se _____ ?

A : Nej, _____ er ikke her.

B : Åh nej, klokken er _____ 9, og jeg kommer for sent _____ arbejde!

A : Se her, Mads! _____ ligger på køkkenbordet.

B : Tak skal du have! Hej-hej!

A : _____ en god dag! Hej-hej!

A : Hej Anna, hvor er _____ henne nu? Jeg kan ikke finde _____.

B : Jeg _____ i kantinen og drikker te _____ Mette.

A : Er Finn _____ også? Jeg kan _____ ikke finde _____.

B : Ja, _____ er han. Vi har pause til _____ 11.15.

A : Nu skal vi rydde _____ , Laura!

B : Åh nej, mor!

A : Åh jo! Kom så!

Osten og smørret skal ind _____ køleskabet, og det skal mælken _____.

Føtex-posen skal ned _____ skraldespanden, kaffekanden skal ind

_____ skabet sammen med _____ , og sukkeret skal også ind

_____ skabet.

B : Hvad så _____ glassene, mor? Hvor skal _____ stå?

A : I _____ sammen med tallerknerne.

B : Men _____ står tallerknerne? Jeg kan ikke se _____.

A : Nåh ja, _____ er i opvaskemaskinen, men de skal ind _____ skabet.

Hvor er kaffen henne, mor?

Udtaletræning 8

Lyt og gentag

ˈHenˈ, ˈhenne, ˈhjemˈ, ˈhjemme, ˈinˈd, ˈinde, ˈindenˌfor.
ˈFinde, ˈgerne, ˈkaffeˌkande, ˈfløde, chokoˈlade, ˈkage, ˈtale, ˈgange, ˈpenge.

Lytteøvelse 8

Lyt og svar på spørgsmålene

1 : Hvordan går det med Thilde? _____

2 : Hvordan går det med Nikolaj? _____

3 : Hvad vil Thilde gerne have? _____

4 : Hvor er mælken? _____

5 : Hvor er sukkeret? _____

Perfektionstræning

Udfyld dialogen og lær den udenad

A : Er du sulten (/ tørstig)?

B : Ja, _____ .

A : _____ ?

B : Ja tak, meget gerne.

A : Åh, hvor er _____ ?

   Jeg kan ikke finde _____ .

B : _____ ?

A : Nåh jo. Tak skal du have.

Vi vil gerne have kalvefilet med ris

[handwritten notes: – menu ; dining card / calf fillet / con "green stuff" ; vegies]

Mikkel	:	Vi vil gerne have spisekortet.
Tjeneren	:	Værsgo.
Mikkel	:	Hvad skal du have?
Anna	:	Kalvefilet med grøntsager og ris.
Mikkel	:	Jeg vil hellere have frikadeller med kartoffelsalat.
Anna	:	Skal vi ikke have en flaske rødvin?
Mikkel	:	Jeg vil hellere have en øl.
Anna	:	Ok. Tjener!
		Vi vil gerne have en gang kalvefilet med ris og grøntsager og to frikadeller med kartoffelsalat og to Tuborg.
		...
Tjeneren	:	Værsgo.
Mikkel	:	Tak.
Anna	:	Uhm! Det er en lækker kalvefilet. Hvordan er dine frikadeller?
Mikkel	:	De er gode, men kartoffelsalaten er kedelig. Hvad med dine grøntsager?
Anna	:	De er gode. Vil du smage?
Mikkel	:	Uhm! De er lækre. Skål!
Anna	:	Skål!

STRUKTUR 1

A : Jeg vil gerne have (en) champignonsuppe (/ et stykke med rejer / (en) salat / (en) fiskefilet / en halv kylling / en hakkebøf / to frikadeller / to røde pølser med brød (/ kartofler / ris / pommes frites) / chokoladeis / rødgrød med fløde).

B : Jeg vil hellere have pizza.

STRUKTUR 2

A : Hvordan er din bøf?   B : Den er lækker (/ dejlig / god / kedelig / dårlig).

A : Hvordan er dit brød?   B : Det er lækkert (/ dejligt / godt / kedeligt / dårligt).

A : Hvordan er dine pommes frites?   B : De er lækre (/ dejlige / gode / kedelige / dårlige).

STRUKTUR 3

A : Hvordan smager din bøf?   B : Den smager dejligt (/ godt).

A : Hvordan smager dit brød?   B : Det smager dejligt (/ godt).

A : Hvordan smager dine pommes frites?   B : De smager dejligt (/ godt).

STRUKTUR 4

A : Hvad koster en fransk bøf?   B : Den er (meget (/ lidt)) dyr (/ billig).

A : Hvad koster et stykke med rejer?   B : Det er (meget (/ lidt)) dyrt (/ billigt).

A : Hvad koster pommes frites?   B : De er (meget (/ lidt)) dyre (/ billige).

Indsæt et ord på hver linje

Tjeneren : Godaften!

    A : _____ ! Vi vil gerne have _____ .

Tjeneren : _____ .

    A : Jeg _____ have et stykke med rejer.

    B : Jeg vil _____ have en tomatsuppe. _____ !

Tjeneren : _____ ?

    A : Vi vil gerne have _____ stykke med rejer og _____

        tomatsuppe.

Tjeneren : Værsgo.

        Skal I have noget at _____ ?

    B : Ja, _____ .

        Jeg vil gerne have _____ glas hvidvin.

    A : Det vil jeg _____ .

Tjeneren : To _____ hvidvin, _____ stykke med rejer

        og _____ tomatsuppe.

    B : Hvordan er _____ stykke med rejer?

    A : _____ er _____ .

        Hvad med _____ tomatsuppe?

    B : _____ er _____ .

    A : Hvordan er _____ kartofler?

    B : De er _____ . Hvad med _____ salat?

    A : _____ er også _____ .

    A : Vil du smage restaurantens specialitet, fiskefilet _____ hvidvinssovs?

    B : Uhm! Det lyder _____ .

Tjeneren : Vi har en meget _____ , fransk rødvin.

    A : Hvad koster _____ ?

Tjeneren : 435 kr.

    A : Det er en meget _____ vin.

Tjeneren : Vi har også husets rødvin. _____ koster kun 120 kr.

    A : Det lyder _____ . Vi vil gerne have _____ flaske.

Udtaletræning 9

Lyt, fyld ud og øv udtalen

Ba<u>g</u>t, Carlsber<u>g</u>, dejli<u>g</u>, dårli<u>g</u>, en<u>g</u>elsk, ga<u>ng</u>, <u>g</u>od, <u>g</u>uldøl, kedeli<u>g</u>, ko<u>g</u>t, lørda<u>g</u>, ma<u>ng</u>e, me<u>g</u>et, o<u>g</u>, o<u>g</u>så, rigtig, Tuborg, værs<u>g</u>o, s-to<u>g</u>, u<u>g</u>e, væl<u>g</u>e.

[g]	[ŋ]	[j]	[w]	[-]
<u>g</u>erne	kylli<u>ng</u>	sma<u>g</u>e	la<u>g</u>kage	spør<u>g</u>

Lytteøvelse 9

Lyt og svar på spørgsmålene

1 : Hvad skal han have at spise? _____

2 : Hvad skal hun have? _____

3 : Hvad skal de have at drikke? _____

4 : Hvordan er deres mad? _____

5 : Hvad bliver det? _____

Perfektionstræning

Lav en dialog og lær den udenad

Vi har tilbud på 10 appelsiner i dag

Grønthandleren	:	Hej!
Anna	:	Jeg vil gerne have nogle appelsiner.
Grønthandleren	:	Hvor mange?
Anna	:	Fem, tak.
Grønthandleren	:	Vi har tilbud på 10 appelsiner i dag.
Anna	:	Nej tak.
Grønthandleren	:	Værsgo. Ellers andet?
Anna	:	Ja tak, jeg vil også gerne have noget tomatjuice.
Grønthandleren	:	Hvor meget?
Anna	:	En liter.
Grønthandleren	:	Værsgo. Noget andet?
Anna	:	Ja, jeg vil også gerne have en ananas.
Grønthandleren	:	Vi har ikke flere i dag.
Anna	:	Nå, det gør ikke noget. Så tager jeg bare en melon. Hvad bliver det?
Grønthandleren	:	47,50 kr. Betaler du med kort eller kontant?
Anna	:	Kontant. Værsgo .
Grønthandleren	:	Tak skal du have.
Anna	:	Farvel.
Grønthandleren	:	Farvel, tak.

STRUKTUR 1

A : Hvor kan man købe kartofler (/ franskbrød / oksekød / brieost / mælk / cigaretter)?

B : Hos grønthandleren (/ bageren / slagteren / ostehandleren) / i Netto (/ kiosken / Seven Eleven).

STRUKTUR 2A

A : Jeg vil gerne have nogle pærer (/ appelsiner / bananer / æbler / tomater / agurker / løg).

B : Ja, hvor mange?

A : Fem (/ et kilo / et halvt kilo / et kvart kilo / to kilo).

STRUKTUR 2B

A : Jeg vil gerne have noget appelsinjuice (/ te / mælk / ost).

B : Ja, hvor meget?

A : En liter (/ en halv liter / en kvart liter / to liter).
  Et kilo (/ et halvt kilo / et kvart kilo / to kilo).

STRUKTUR 3A

A : Jeg vil gerne have nogle pærer.

B : Vi har desværre ikke nogen. / Vi har desværre ikke flere.

STRUKTUR 3B

A : Jeg vil gerne have noget appelsinjuice.

B : Vi har desværre ikke noget. / Vi har desværre ikke mere.

Indsæt et ord på hver linje

A : Dav!

B : Jeg vil gerne have _____ bananer.

A : Ja, hvor _____ ?

B : 10, tak.

A : Jeg skal have _____ ost.

B : Ja, hvor _____ ?

A : 400 _____ .

A : Jeg vil gerne have _____ mælk.

B : Ja, hvor _____ ?

A : En _____ liter.

B : _____ andet?

A : Ja, jeg skal også have _____ appelsiner.

B : Vi har desværre ikke _____ .

A : Vi har _____ rødvin på tilbud i dag. Det er en meget _____ vin,

    og du kan få 6 flasker for 650 kr.!

B : Nej tak, det er alt for _____ . Jeg har ikke så _____ penge.

    Hvad koster _____ der?

A : 35 kr.

B : Jeg vil gerne have to _____ .

A : Har I _____ tomater?

B : Nej, _____ har ikke _____ i dag.

A : Hvad _____ Weekendavisen?

B : 42 kr. Vil du _____ en?

A : Ja tak. Og _____ stykke chokolade.

B : _____ . Det _____ 54 kr.

    _____ du kontant eller _____ kort?

A : _____ Visakort. _____ jeg få 100 kr. over?

B : Ja, det _____ du godt.

Udtaletræning 10

Lyt og gentag

Jeg vil ˈgerne ˈhaˈve nogle ˈæbler.
Har du ˈikke nogen auberˈginer?
Jeg ˈtaˈger ˈtreˈ toˈmaˈter.
Hvad ˈblivˈer ˈdet?
Hvis jeg ˈgivˈer dig ˈ1ˈ10ˈ ˈkr., får jeg ˈså ˈ50 kr. iˈgen?

Lyt, fyld ud og øv udtalen

Agurk, ananas, aubergine, avocado, banan, champignon, chokolade, citron, kartoffel, pakke, pose, pære, salat

1. stavelse	2. stavelse	3. stavelse
ˈæble	toˈmat	appelˈsin

Lytteøvelse 10

Lyt og svar på spørgsmålene

1 : Hvor er Klaus? _____

2 : Hvad køber han? _____

3 : Hvad bliver det? _____

Perfektionstræning

Lav en indkøbsdialog og lær den udenad

Det er solskinsvejr i dag

Eva : Eva Jensen.

Ida : Hej Eva. Det er Ida.

Eva : Hej Ida. Hvor ringer du fra?

Ida : Fra Grønland,

Eva : Grønland? Hvad laver du der?

Ida : Jeg er på ferie.

Eva : Hvor er du henne i Grønland?

Ida : I Narsassuaq.

Eva : Narsassuaq? Hvor ligger det henne?

Ida : Omkring 500 km sydøst for Nuuk.

Eva : Er det ikke koldt der?

Ida : Nej, ikke rigtig. Solen skinner, og her er 14 grader varmt. Hvordan er vejret i
København?

Eva : Det er ikke så godt. Det regner og blæser, men i næste uge bliver det solskinsvejr.

Ida : Tror du?

Eva : Ja, det siger de i radioen.

STRUKTUR 1

A : Hvor ligger Ishøj henne?

B : Det ligger syd for København (/ nord for Hundige / vest for Vallensbæk / øst for Roskilde /
i nærheden af Tåstrup).

STRUKTUR 2

A : Hvordan er vejret i København (/ Århus / Berlin / Spanien / Sydeuropa) / på Bornholm (/ Sicilien /
Færøerne)?

B : Det er dejligt (/ godt / ikke særlig godt / dårligt / elendigt).
Solen skinner. / Det er overskyet. / Det blæser. / Det regner. / Det sner. / Det tordner. / Det er tåget.
Det er solskinsvejr (/ blæsevejr / regnvejr / snevejr / tordenvejr).

STRUKTUR 3

A : Hvordan bliver vejret i morgen (/ i overmorgen / på søndag / i næste uge)?

B : Det bliver dejligt (/ godt / ikke særlig godt / dårligt / elendigt). /
Det bliver solskinsvejr (/ blæsevejr / regnvejr / snevejr / tordenvejr).
Det bliver tåget.
Det bliver 16 grader varmt. / Det bliver minus 4 grader.

Indsæt et ord på hver linje

A : Hvor kommer du _____ ?

B : Fra Åbenrå.

A : Hvor ligger det _____ ?

B : Det ligger _____ Jylland.

A : I nærheden _____ Esbjerg?

B : Nej, 100 km syd _____ Haderslev.

A : Hvordan er vejret _____ Spanien?

B : Det er _____ . Solen _____ , og det er 30 _____ varmt.

A : Hvordan _____ vejret i weekenden?

B : Det bliver _____ .

A : Det lyder _____ .

A : Hvordan er _____ i oktober i Danmark?

B : Det _____ og _____ .

A : Hvor skal du _____ i sommerferien?

B : Jeg skal _____ Italien.

A : _____ er vejret i Italien _____ sommeren?

B : Det er _____ .

A : Hej Peter. Hvor er du _____ nu?

B : Jeg er _____ Bodrum med Mette og Finn.

A : Det er i Tyrkiet, _____ ?

B : Jo. Det ligger 500 km syd _____ Istanbul.

A : Er det ikke meget _____ der?

B : Jo, næsten 30 _____ . Vi _____ i solen og _____ af
_____ dagen.

Og hvad med _____ ? Er du _____ Odense nu?

A : Ja, og her er det også _____ vejr. Det er en _____ sommer.

Lav en vejrudsigt for Europa

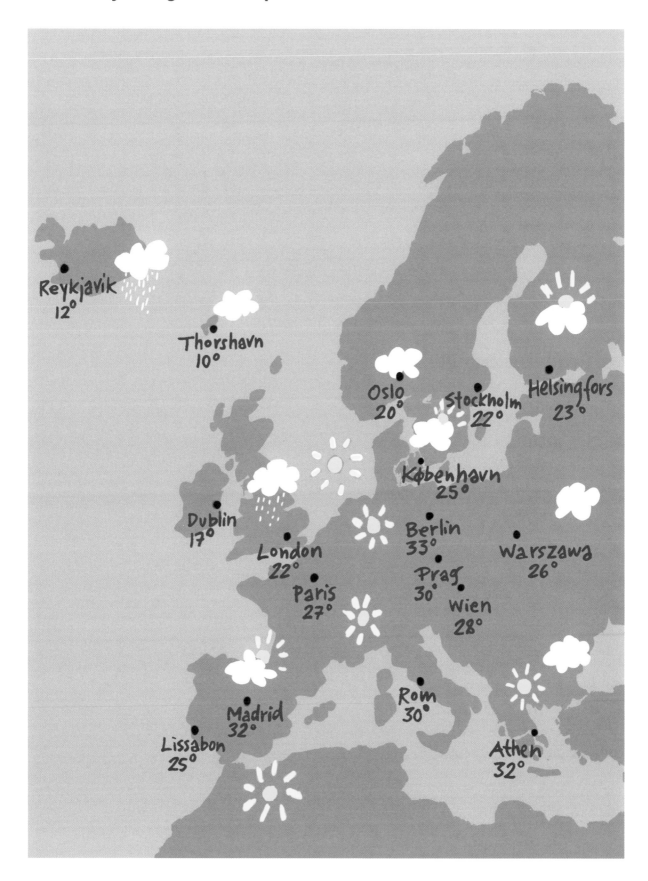

Udtaletræning 11

Lyt og gentag

ˈHvorˊ ˈringer du ˈfraˊ?　　Jeg ˈringer fra Købenˈhavˊn.
ˈHvemˊ ˈringer du ˈtil?　　Jeg ˈringer til ˈAnna.
ˈHvem ˈsnakker du ˈmed?　　Jeg ˈsnakker med ˈMikkel.

Lytteøvelse 11

Lyt og svar på spørgsmålene

1　: 　Hvor vil han gerne hen i sommerferien? _____

2　: 　Hvordan er vejret der? _____

3　: 　Hvor vil hun gerne hen? _____

4　: 　Hvordan er vejret der? _____

5　: 　Hvad kan man lave der? _____

6　: 　Hvad koster det? _____

7　: 　Hvad er rejsebureauets telefonnummer? _____

Perfektionstræning

Udfyld dialogen og lær den udenad

A　: 　Hvor skal vi hen _____ ?

B　: 　Hvad med _____ ?

A　: 　Hvor ligger det henne?

B　: 　_____ .

A　: 　Hvordan _____ ?

B　: 　_____ .

A　: 　Det lyder ikke så godt. Hvad med _____ ?

B　: 　Hvor _____ ?

A　: 　_____ .

B　: 　Hvordan _____ ?

A　: 　_____ .

B　: 　_____ .

Hvor ligger Sankt Peders Stræde?

Jean	**:**	Undskyld, ved du, hvor Sankt Peders Stræde ligger?
Gitte	**:**	Nej, desværre. Jeg er ikke her fra byen.
...		
Jean	**:**	Undskyld, hvordan kommer jeg til Sankt Peders Stræde? Ved du det?
Anna	**:**	Ja, det gør jeg. Du skal over Rådhuspladsen og ned ad Vester Voldgade, og så er det tredje gade til højre.
Jean	**:**	Er det langt?
Anna	**:**	Nej, det tager kun 5-6 minutter at gå derhen.
Jean	**:**	Tak skal du have.
Anna	**:**	Selv tak.

STRUKTUR 1

A **:** Undskyld, hvor er Nørreport Station (henne)? Ved du det? / Undskyld, er der en bank her i nærheden?

B **:** Ja, du skal hen (/ op / ned) ad Strøget (/ lige ud) og til højre (/ venstre) ad Købmagergade. / Ja, du skal ind (/ ud) ad Vesterbrogade.
Ja, du skal hen til krydset (/ hjørnet) og til venstre. /
Ja, det er første (/ anden / tredje / fjerde / femte) gade) til højre. /
Ja, du skal over broen (/ over Rådhuspladsen / forbi posthuset (/ museet / teatret) / gennem parken).

STRUKTUR 2

A **:** Er du i bil (/ på cykel)?

B **:** Ja, det er jeg. / Nej, jeg går. / Nej, jeg skal med bussen (/ toget / metroen).

STRUKTUR 3

A **:** Er det langt?

B **:** Nej, det tager kun et par minutter i bil (/ på cykel / med bussen / med toget / med metroen / til fods).

STRUKTUR 4

A **:** Tak skal du have. / Mange tak. / Tusind tak.

B **:** Selv tak. / Det var så lidt.

STRUKTUR 5

GPS **:** Indtast postnummer, vejnavn og husnummer!

B **:** Klik, klik, klik, klik.

GPS **:** Drej til højre, og dernæst kør 2,1 km! / Drej til venstre! / Fortsæt 3,7 km!/
Hold til venstre! / Kør ind i rundkørslen! / Tag første vej til højre! / Ankommer til destination på højre side.

Indsæt et ord på hver linje

A : _____ ?

B : Ja?

A : Ved du, hvordan jeg kommer _____ Nørreport Station?

B : Ja, _____ skal hen ad Købmagergade og _____ ud.

A : _____ tak.

B : Det var så _____ .

A : Undskyld, _____ du, hvor Café Rosa ligger?

B : Ja, du skal hen _____ Strøget og _____ Rådhuspladsen og

ud ad Vesterbrogade.

A : Tak skal _____ have.

B : _____ tak.

A : Undskyld, ved _____ , hvor Borgergade er?

B og C : Nej, det gør _____ ikke.

A : Undskyld, hvor _____ Kultorvet?

B : Du skal ned ad Studiestræde, _____ universitetet og Vor Frue Kirke,

ned _____ Store Kannikestræde og til venstre ved Rundetårn.

A : Er det _____ ?

B : Nej, det _____ kun 8-10 minutter til _____ .

A : Hvordan kommer jeg _____ Frederiksberg Have?

B : Er du _____ bil?

A : Nej, jeg _____ med bussen.

B : Så skal du _____ 14'eren fra Rådhuspladsen.

GPS : Indtast postnummer, vejnavn og nummer!

B : Klik, klik, klik.

GPS : Kør 3,5 km, og herefter _____ til venstre!

_____ 1 km!

Kør ind i _____ !

_____ 3. vej til _____ !

_____ til højre og herefter _____ til venstre!

Ankommer til destinationen _____ venstre side.

Hvor ligger det?

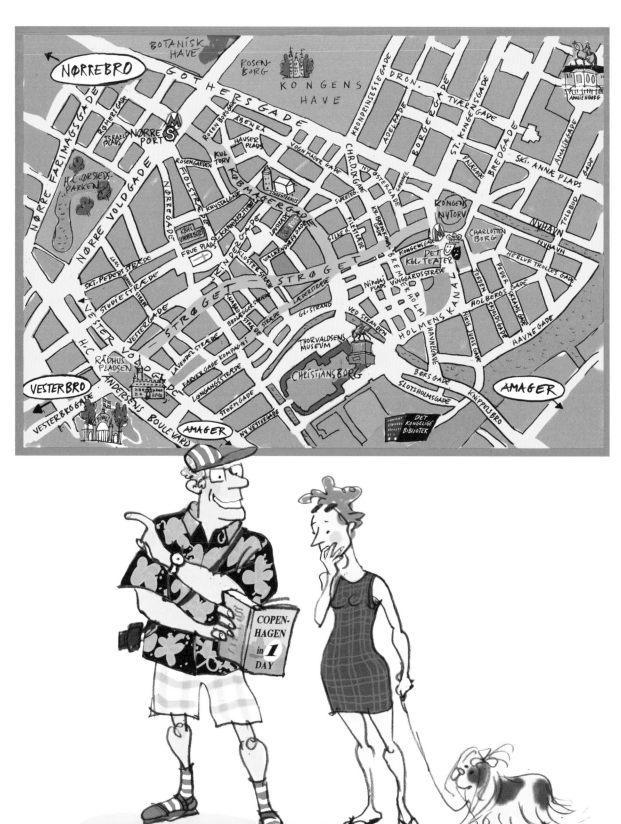

Udtaletræning 12

Lyt og gentag

ˈfinde	ˈfinˈd!
ˈdreje	ˈdrejˈ!
ˈholde	ˈholˈd!
ˈkøre	ˈkørˈ!
ˈundˌskylˈde	ˈundskylˈd!
forˈtælˈle	forˈtælˈ!

Lytteøvelse 12

Lyt og svar på spørgsmålene

1 : Hvor skal hun hen? _____

2 : Skal hun med bussen? _____

3 : Hvordan skal hun komme derhen? _____

4 : Er det langt? _____

Perfektionstræning

Kig på kortet side 61 og lav dialoger

Har du familie?

Søren : Vil du med til koncert lørdag aften?

Anna : Det kan jeg desværre ikke. Jeg skal til min mormors fødselsdag.

Søren : Hvor gammel bliver hun?

Anna : Hun bliver 78. Min mor og alle mine søskende kommer også.

Søren : Alle dine søskende? Hvor mange søskende har du?

Anna : Jeg har en storebror på 33 og to halvsøstre på 14 og 15. Hvad med dig?
Har du ingen søskende?

Søren : Nej, jeg er enebarn. Bor alle dine søskende her i København?

Anna : Nej, min storebror bor i Roskilde. Han er gift, og han og hans kone har to børn.
De kommer også på lørdag.

Søren : Hvor gamle er deres børn?

Anna : Pigen er tre et halvt, og drengen er halvandet. De er bare så søde!

STRUKTUR 1

A : Har du nogen (/ ingen) søskende?

B : Ja (/ Jo), jeg har en bror (/ to brødre / en søster / to søstre).
/ Nej, jeg er enebarn.

STRUKTUR 2

A : Har du nogen (/ ingen) børn?

B : Ja (/ Jo), jeg har et barn (/ to børn / en dreng / to drenge / en pige / to piger / en søn / to sønner /
en datter / to døtre), (/ og jeg har også et barnebarn (/ to børnebørn)). / Nej, det har jeg ikke.

STRUKTUR 3

A : Bor du alene?

B : Nej, jeg bor sammen med min mand (/ kone / mor / far / familie) / mine forældre (/ bedsteforældre
/ svigerforældre).

STRUKTUR 4

A : Er du gift?

B : Ja, det er jeg. / Nej, det er jeg ikke. / Nej, jeg er skilt. / Nej, men jeg bor sammen med min kæreste.
/ Nej, men jeg har en halvkæreste.

STRUKTUR 5

A : Hvor gammel er du
(/ din bror / din søster)?

B : Jeg (/ han / hun) er 25 år (gammel).

A : Hvor gammelt er dit barn?

B : Det er 2 måneder (gammelt).

A : Hvor gamle er dine søskende?

B : De er 22 og 24 år (gamle).

Indsæt et ord på hver linje

A : _____ du gift?

B : Ja. Hvad med _____ ?

A : Jeg er ikke gift, men jeg bor sammen med _____ kæreste.

B : Hvad hedder _____ ?

A : Peter.

B : Har I _____ børn?

A : Ja, vi har en _____ .

B : Hvor _____ er hun?

A : Hun er to år _____ . Hvad med dig og _____ mand?
Har I _____ børn?

B : Jo, vi har to _____ og en søn.

A : Hvor _____ er de?

B : De _____ 4, 5 og 7 år _____ .

A : _____ mange søskende har du?

B : Jeg har fem _____ , tre søstre og to _____ .

A : Hvor _____ er de?

B : _____ søstre er 12, 14 og 15, og _____ brødre er 10 og 8.

A : Hvad med dig? Har du _____ søskende?

B : Nej, mine forældre er _____ , men jeg har en halvsøster _____ 25 år.

A : Hvad hedder _____ lillesøster?

B : Karin.

A : Har du _____ en storesøster?

B : Nej, men jeg har en _____ .

A : Hvordan går det med _____ familie.

B : Det går godt med _____ børn, men _____ kone er
lidt _____ .
Hvordan går det med _____ barn? Det er en _____ , ikke?

A : Jo, det er det, og det går _____ med _____ .

Fortæl om Sofies familie

Gitte Holm

Bo Holm

Erik Sørensen

Oskar Holm Sørensen

Sofie Holm

Emil Holm Sørensen

Stella Holm

Sara Holm Sørensen

Luffe Holm Sørensen

Udtaletræning 13

Lyt, fyld ud og øv udtalen

Brødre, børnebørn, døtre, fødselsdag, højre, Ishøj, lørdag, nøgler, Strøget, søndag, Søren, søskende, øjeblik.

[ø]	[ö]	[ɔ̈]	[ɔ]
søster	søn	børn	døgn

Lytteøvelse 13

Lyt og svar på spørgsmålene

1 : Har Thilde nogen søskende? _____

2 : Hvad hedder hendes søster? _____

3 : Hvad hedder hendes søsters kæreste? _____

4 : Hvor mange børn har de? _____

5 : Hvad hedder de? _____

6 : Hvor gamle er de? _____

Perfektionstræning

Lav en dialog og lær den udenad

Hvad er dit drømmejob?

Mikkel : Hvad laver du, Mads?

Mads : Jeg er lærer.

Mikkel : Det er min kæreste også.

Mads : Er det rigtigt? Hvor arbejder hun henne?

Mikkel : Hun arbejder på Vanløse Skole. Hun har været der i to år nu. Og du?

Mads : Jeg er på Studieskolen. Jeg underviser udlændinge i dansk.

Mikkel : Det lyder godt.

Mads : Ja, jeg har været der i fem år nu, og jeg er meget glad for det.
Hvad med dig? Hvad laver du?

Mikkel : Jeg studerer på Panuminstituttet.

Mads : Panuminstituttet? Hvad er det?

Mikkel : Det er en del af Københavns Universitet. Jeg studerer medicin.

Mads : Vil du være læge?

Mikkel : Måske, men jeg vil hellere forske.

Mads : Er det ikke svært at blive forsker?

Mikkel : Jo, men det er mit drømmejob!

Mads : Fint nok!

STRUKTUR 1

A : Hvad laver du?

B : Jeg læser (/studerer) dansk (/ medicin / jura).
Jeg læser (/ studerer) til ingeniør.
Jeg arbejder på en skole (/ i et firma / i en børnehave).

STRUKTUR 2

A : Hvor længe har du været lærer (/ ingeniør / i praktik)?

B : Det har jeg været (i) to måneder (/ et / halvandet / tre år).

STRUKTUR 3

A : Hvor længe har du arbejdet i København (/ læst medicin / studeret jura)?

B : Det har jeg gjort (i) to måneder (/ et / halvandet / tre år).

STRUKTUR 4

A : Hvad synes du om dit arbejde?
Hvad synes Mads om sit arbejde?
Hvad synes Ida om sit arbejde?
Hvad synes I om jeres arbejde?

B : Jeg elsker mit arbejde.
Han er vild med det.
Hun er lidt træt af det.
Vi er lidt trætte af vores arbejde.

STRUKTUR 5

A : Hvornår arbejder du?

B : Jeg arbejder fra klokken 9 til klokken 17. / Jeg møder klokken 9 og har fri klokken 16.

Indsæt et ord på hver linje

A : _____ laver du?

B : Jeg _____ matematik på Syddansk Universitet.

A : Hvor længe har du _____ matematik?

B : _____ 2 år. Hvad _____ du?

A : Jeg _____ ingeniør.

B : Hvor længe har du _____ det?

A : I 5 et _____ år.

B : Er du _____ for dit _____ ?

A : Ja, _____ er jeg.

A : _____ laver Kristian og Mette?

B : Han er kok på en _____ i Helsingør, og hun er _____ på en skole

i Hillerød.

A : Det _____ godt. Er de glade for _____ arbejde?

B : Mette _____ sit arbejde, men Kristian er _____ af sit.

Han er ikke så _____ for _____ kolleger.

A : _____ laver Anne?

B : Hun _____ spansk.

A : Nå, hvor længe har hun _____ det?

B : I 2 _____ .

A : Har hun ikke _____ arbejde?

B : Nej, men hun er i praktik _____ et ingeniørfirma.

A : Er hun _____ for det?

B : Nej, hun er meget træt _____ det.

A : Hvor længe har hun _____ i praktik?

B : _____ 1 ½ år.

A : Hvornår _____ du?

B : _____ 7.

A : Hvornår _____ du fri?

B : Klokken _____ 4 _____ eftermiddagen.

Udtaletræning 14

Lyt og gentag

Er du ˈglad for dit ˈarˌbejˈde?

ˈJa, jeg er ˈglad for mit ˈarˌbejˈde.
ˈJa, jeg er ˈglad ˈfor det.
ˈNej, jeg ˈikke så ˈglad for mit ˈarbejde.
ˈNej, jeg er ˈikke så ˈglad ˈfor det.

ˈHvad synes du om din ˈcheˈf?

Jeg synes ˈgodt om min ˈcheˈf.
Jeg synes ˈgodt ˈomˈ ham.

Er du ˈfærdig med din ˈopˌgave?

ˈNej, men jeg ˈarˌbejˈder ˈpå den.

Lytteøvelse 14

Lyt og svar på spørgsmålene

1 **:** Hvordan går det med Stine? _____

2 **:** Hvad laver hun? _____

3 **:** Hvor længe har hun gjort det? _____

4 **:** Er hun glad for det? _____

5 **:** Hvad laver Jeppe? _____

6 **:** Hvor længe har han været der? _____

7 **:** Er han glad for det? _____

8 **:** Hvad vil han gerne? _____

9 **:** Hvorfor? _____

Perfektionstræning

Lav en dialog og lær den udenad

A og B snakker om deres studier og job.

Er det ikke dyrt at bo i Hellerup?

Mikkel **:** Hej Jesper. Det er længe siden, hvad?

Jesper **:** Ja, det er det. Bor du i København nu?

Mikkel **:** Ja, jeg bor i Absalonsgade sammen med min kæreste.

Jesper **:** Det er på Vesterbro, ikke?

Mikkel **:** Jo, det er lige ved Vesterbro Torv. Hvad med dig? Hvor bor du henne?

Jesper **:** Min kone og jeg bor i et hus i Hellerup.

Mikkel **:** Wauw. Har du købt det?

Jesper **:** Nej, det har jeg ikke. Vi lejer det bare, men det er fedt. Vi har to stuer, to
soveværelser, et kontor – og så selvfølgelig badeværelse og køkken.

Mikkel **:** Er det ikke dyrt?

Jesper **:** Jo.

Mikkel **:** Vi har kun en lille lejlighed, men den er hyggelig, og så koster den kun 5.000 kr. om
måneden inklusive varme, vand og elektricitet.

Jesper **:** Jamen, det lyder da fint. Nå du, klokken er mange. Jeg har et møde om 20 minutter.

Mikkel **:** Hej-hej. Det var hyggeligt at snakke med dig.

Jesper **:** Ja, tak i lige måde.

STRUKTUR 1

A **:** Hvor bor du (henne)?

B **:** (Jeg bor) i København (/ i Århus / på Frederiksberg / på Nørrebro / i centrum).

STRUKTUR 2

A **:** Hvordan bor du?

B **:** (Jeg bor) på et værelse (/ i en lejlighed / i et hus / på et kollegium / i et bofællesskab / i et kollektiv).
Jeg har tre værelser, en stue, et soveværelse og et børneværelse, og (et) køkken
og (et) badeværelse. Jeg har også en have (/ en altan / en kælder). / Jeg er husvild.

STRUKTUR 3

A **:** Bor du alene?

B **:** Nej, jeg bor sammen med min kæreste (/ min kone / min mand / min familie).

STRUKTUR 4

A **:** Hvor meget betaler du i husleje?

B **:** (Jeg betaler) næsten (/ cirka) 4.000 kr. om måneden eksklusive (/ inklusive) varme, vand
og elektricitet.

STRUKTUR 5

A **:** Hvor længe har du haft dit kollegieværelse?

B **:** (Det har jeg haft) i en måned / i fire måneder / i fire en halv måned / i halvandet år.

STRUKTUR 6

A **:** Hvor længe har du boet på Vesterbro?

B **:** (Det har jeg gjort) i fire måneder / i fire en halv måned / i halvandet år.

Indsæt et ord på hver linje

A : Hvor _____ har du boet i Odense nu?

B : _____ 3 1/2 år.

A : _____ laver du?

B : Jeg _____ biologi.

A : Nå, det _____ godt.

Hvordan _____ du?

B : Jeg har et lille _____ på _____ kollegium.

A : Har du _____ og bad?

B : Ja, men sammen _____ 8 andre studerende.

A : Uh, det lyder _____ så godt.

B : Jo, det er fint. Vi _____ og _____ sammen om aftenen.

A : Hvor længe har du _____ der?

B : Det har jeg _____ i to _____ .

A : Vil du _____ min adresse?

B : _____ adresse? Den har jeg da.

A : Nej, jeg bor på Østerbro nu. Jeg har fået en _____ lejlighed.

B : Er det rigtigt? Hvor stor _____ den?

A : Den har tre _____ og _____ og _____ .

B : Wauw! Hvad _____ du i husleje?

A : 5.500 kr. _____ måneden.

B : _____ varme, vand og el?

A : Ja, det er fantastisk.

Vil du ikke _____ mig en dag?

B : Jo, det vil jeg meget _____ . _____ ?

A : _____ lørdag for eksempel?

B : Det er _____ .

A : Hvor _____ dine forældre?

B : _____ bor i Vanløse. De har _____ lille hus.

A : Det _____ godt.

B : Ja, men det er meget _____ . De har kun _____ stue og _____ soveværelse.

Udtaletræning 15

Lyt, fyld ud og øv udtalen

Billigt, centrum, centralt, dyrt, elektricitet, fantastisk, fedt, fint, halvt, invitation, kollegiet, kontor, koster, kæreste, købt, køkkenet, metro, minutter, nyt, perfekt, perfektion, situation, solgt, stuen, soveværelset, 2.200, totalt, Vesterbro, torv.

[t]	[d]	[ð]	[ş]	[-]
betale	flot	huset	station	det

Lytteøvelse 15

Lyt og svar på spørgsmålene

1 : Hvor ligger Thilde og Nikolajs nye lejlighed? _____

2 : Hvor mange værelser har de? _____

3 : Hvor meget skal de betale hver måned? _____

4 : Hvad laver Nikolaj? _____

5 : Hvad laver Thilde? _____

Perfektionstræning

Lav en dialog og lær den udenad

A og B møder hinanden for første gang i 3 år. De snakker om, hvor og hvordan de bor.

Undskyld, jeg kommer for sent!

Klaus : Hej Ida. Undskyld, jeg kommer for sent!

Ida : Hvor har du været?

Klaus : En lille tur i byen.

Ida : Jeg har ventet på dig i en time.

Klaus : Jeg er ked af det, men Kristian er lige blevet gift, og så ville han gerne give en omgang.

Ida : Hvor meget har du drukket?

Klaus : 2-3 øl.

Ida : Hvorfor har du ikke ringet?

Klaus : Øh ...

Ida : Nå, kom nu! Jeg har lavet mad til os.

Klaus : Uhm! Det lyder godt. Jeg er enormt sulten. Jeg har ikke spist siden i morges.

STRUKTUR 1

A : Hvor har du været?

B : (Jeg har været) på universitetet (/ på arbejde / på posthuset / på sygehuset) / i banken / til møde / hjemme hos Mads).

STRUKTUR 2

A : Hvad har du lavet i dag?

B : Jeg har arbejdet (/ sovet / skrevet en opgave / læst avisen / snakket med Mads / besøgt min mor / hjulpet Peter / arbejdet over / købt ind / haft travlt / gjort rent / slappet af / drukket øl / lavet hjemmearbejde / surfet på nettet / chattet med min bror i Paris).

STRUKTUR 3

A : Hvordan går det?

B : Det går godt (/ ikke så godt).
Jeg har (lige) fået et nyt job (/ en ny lejlighed / en ny kæreste).
Jeg er (lige) flyttet (/ kommet hjem fra USA / begyndt at studere / holdt op med at ryge).
Jeg er (lige) blevet gift (/ skilt / fyret).

STRUKTUR 4

A : Har du snakket med Kristian?

B : Nej, jeg har ikke snakket med ham siden i morges (/ i går / i går morges / i mandags / sidste onsdag).

Indsæt et ord på hver linje

A : Undskyld, jeg _____ for sent!

B : Det gør ikke _____.

A : Jo, jeg er _____ af det, men jeg har _____ over.

A : _____ du snakket med Annette?

B : Nej, ikke _____ i torsdags.

A : Hvordan går det _____ Alice?

B : Fint. Hun har lige _____ en ny lejlighed.

A : _____ hun flyttet?

B : Nej, men hun _____ på lørdag.

A : _____, jeg kommer _____ sent.

B : _____ har du været henne?

A : _____ posthuset.

B : Hvor længe har du _____?

A : En _____ time.

A : Hvordan går det med _____ lillesøster?

B : Det går _____ godt. Hun er lige _____ sammen med _____ kæreste.
De har fået en dejlig _____ på Frederiksberg.

A : Hvor længe har du _____ i København nu?

B : _____ 3 år.

A : Har du også _____ på universitetet _____ 3 år?

B : Ja, det _____ jeg.

A : Vores gæster kommer _____ en time. Har du _____ ind?

B : Ja, det _____ jeg, og jeg har også _____ rent og _____ mad.

Undskyld, jeg kommer for sent!

Udtaletræning 16

Lyt, fyld ud og øv udtalen

De, hej, ked, lejlighed, lektion, med, meget, problem, rent, sent, studere, telefon, tre, universitet, ventet.

[*e*]	[*æ*]	[*ɑ*]	[*i*]
enormt	glemt	arbejde	weekend

Lytteøvelse 16

Lyt og svar på spørgsmålene

1 : Hvor har Anna været?_____

2 : Hvorfor kommer hun for sent?_____

3 : Hvorfor har hun ikke ringet?_____

4 : Hvad er Idas telefonnummer?_____

Perfektionstræning

Udfyld dialogen og lær den udenad

A : Undskyld, jeg kommer for sent.

B : Hvor _____?

A : _____.

B : Hvad _____?

A : _____.

Hvad med dig? Hvad har du lavet?

B : _____.

Så du fjernsyn i går?

Klaus : Så du fjernsyn i går?

Eva : Nej, hvorfor?

Klaus : Der var en spændende udsendelse om dansk kunst på DR1.

Eva : Dansk kunst? Det lyder interessant. Hvad handlede den om?

Klaus : Om nogle kunstmalere, der boede og malede i Skagen.
Har du aldrig hørt om dem?

Eva : Jo selvfølgelig. Jeg synes, at deres malerier er meget smukke. Synes du ikke også?

Klaus : Jo, de er fantastiske, og udsendelsen var virkelig god. Hvorfor så du den ikke?

Eva : Min lille kusine var her, og så så vi nogle børnefilm om bjørne.

Klaus : Var de gode?

Eva : Ja, de var søde og sjove, og lille Mie elsker film om dyr.

STRUKTUR 1

A : Hvad lavede du i går (/ i går aftes / i mandags)?

B : Jeg slappede af (/ hørte musik / læste en bog (/ en roman) / så en film). / Jeg var i biografen
(/ i teatret / i cirkus / til koncert)).

STRUKTUR 2

A : Har du set Lars von Triers nye film?

B : Ja, det har jeg. / Ja, jeg har set den to gange. /
Ja, jeg så den i går (/ for et par uger siden / sidste år / mandag aften / i går aftes / i mandags /
i weekenden).
Nej, det har jeg ikke.

STRUKTUR 3A

A : Hvad synes du om Sara Blædels nye roman?

B : Jeg synes, at den er god / (fantastisk / spændende / interessant / sjov / flot / smuk / hyggelig /
uhyggelig / kedelig / dårlig / rædselsfuld / elendig).

A : Det synes jeg også. / Det gør jeg også.

STRUKTUR 3B

A : Hvad synes du om programmet om dansk politik på TV2 i går aftes?

B : Jeg synes ikke, at det var godt.

A : Det synes jeg heller ikke. / Det gør jeg heller ikke.

STRUKTUR 3C

A : Hvad synes du om H.C. Andersens eventyr?

B : Jeg synes, at de er gode.

STRUKTUR 4

A : Hvad handler filmen om?

B : Den handler om kærlighed.

Indsæt et ord på hver linje

A : Jeg _____ til dig i går aftes, men din mobiltelefon _____ slukket.

B : Ja, jeg _____ i biografen.

A : Hvad _____ du?

B : En _____ film af Susanne Bier.

A : Var den _____ ?

B : Ja, den var _____ . Hvad _____ du?

A : Jeg _____ computerspil med _____ lillebror.

B : Åh nej. Det var _____ , ikke?

A : Nej, jeg synes, at det var _____ , og min lillebror _____ computerspil.

A : Har du _____ H. C. Andersens eventyr?

B : Nej, men min mor _____ dem for mig, da jeg _____ lille.

A : Hvad _____ du om dem?

B : De er _____ .

A : Jeg er så træt _____ dag. Jeg har ikke _____ i nat.

B : Hvorfor _____ ?

A : Jeg læste _____ kriminalroman af Dan Turèll. Den var meget _____ .

B : Hvad _____ den om?

A : _____ et mord i Ålborg.

B : Et mord i Ålborg? Det _____ meget _____ .

Må jeg låne _____ ?

A : Ja, det _____ du gerne.

A : Så du X-factor i går _____ ?

B : Nej, jeg syntes, at det er _____ .

Udtaletræning 17

Lyt og gentag

Hvad ᐧlavede du?   Jeg lavede ᐧmad.

Jeg ᐧarˌbejˊdede.   Jeg arbejdede ᐧovˊer.

Jeg ᐧdansede.   Jeg dansede ᐧvalˊs.

Jeg ᐧsnakkede.   Jeg snakkede ᐧdanˊsk.

Jeg ᐧlæste.   Jeg læste ᐧdanˊsk.

Jeg ᐧspiste.   Jeg spiste ᐧmidˌdag.

Jeg ᐧdrak.   Jeg drak ᐧteˊ.

Lytteøvelse 17

Lyt og svar på spørgsmålene

1 : Hvornår ringede Nikolaj? _____

2 : Hvor var Anders henne? _____

3 : Hvad så de? _____

4 : Hvad handlede den om? _____

5 : Hvad syntes de om det? _____

6 : Hvorfor ringede Nikolaj? _____

Perfektionstræning

Udfyld dialogen og lær den udenad

A : Hvor var du henne _____ ?

B : _____ .

A : Hvad _____ ?

B : _____ .

  Har du _____ ?

A : Nej, _____ .

  Hvad _____ .

B : _____ .

A : Hvad syntes du om den (/ det / dem)?

B : _____ .

Har du nogensinde været på Bornholm?

Mikkel : Har du nogensinde været på Bornholm?

Anna : Ja, jeg var der for to år siden. Hvorfor?

Mikkel : Jeg kunne godt tænke mig at rejse derover, når vi er færdige med eksamen.
Kunne du ikke også?

Anna : Det ved jeg ikke rigtig. Jeg synes, der er dejligt på Bornholm, men jeg vil hellere til
Skagen. Der har jeg aldrig været. Har du?

Mikkel : Nej, men jeg tror, det er et godt sted at holde ferie. Der er en festival hver sommer,
har jeg hørt.

Anna : Ja, jeg synes, vi skal rejse derop.

Mikkel : Ok.

STRUKTUR 1

A : Hvad skal du lave i sommerferien (/ i efterårsferien / i juleferien / i vinterferien / i påskeferien)?

B : Jeg skal til Skagen (/ til Bornholm).

STRUKTUR 2

A : Jeg kunne godt tænke mig at tage til Bornholm (/ at rejse til Island / at holde ferie i Jylland /
at cykle rundt på Fyn / at blive hjemme og slappe af).

B : Det kunne jeg også. / Det kunne jeg ikke. (Jeg vil hellere til Grønland.)

STRUKTUR 3

A : Har du nogensinde været i København?

B : Ja, og jeg synes, der er pragtfuldt (/ dejligt / smukt / kedeligt / trist)./
Nej, (men) jeg tror, der er pragtfuldt (/ dejligt / smukt / kedeligt / trist).

STRUKTUR 4

A : Hvornår har du sommerferie (/ efterårsferie / juleferie / vinterferie / påskeferie)?

B : (Jeg har ferie) fra den 31. juli til den 21. august (/ fra i morgen og tre uger frem /
fem dage i februar / i næste måned / nu).

STRUKTUR 5

A : Hvornår skal du rejse?

B : (Jeg skal rejse) i morgen (/ på mandag / om tre dage / i næste måned / den 14. juli).

Indsæt et ord på hver linje

A : _____ har vi sommerferie i år?

B : _____ den 26. juni _____ den 1. september.

A : Jeg kunne godt _____ mig at rejse _____ Paris.

B : Det _____ jeg også.

A : Har du _____ været der?

B : Ja, jeg _____ der for 3 år siden. Har du også _____ der før?

A : Nej, _____, men jeg _____, at det er en spændende by.

A : Jeg kunne godt tænke mig at _____ til Grønland

_____ sommerferien.

B : Jeg vil _____ blive hjemme i år.

A : Hvorfor?

B : Jeg vil gerne _____ verdensmesterskabet i fodbold i fjernsynet.

A : Puh. Jeg _____, fodboldkampe er _____.

B : Det _____ jeg ikke.

A : Jeg _____ med Mads i går.

B : Nå, hvad sagde _____?

A : Han _____ godt tænke sig at cykle til Sydfrankrig i sommerferien.

B : Er det _____? Jeg _____ ikke, han kan cykle så langt.

A : Nej, det _____ jeg heller ikke, men Mads er optimist. Han kan godt cykle

100 km _____ dagen, siger han.

B : Puha. Jeg _____ hellere slappe af i _____ ferie.

Udtaletræning 18

Lyt og øv udtalen

÷ [e]	+ [e]
lave	rejse
holde	cykle
nogensinde	tænke
hellere	arbejde
gøre	chatte
spørge	drikke
	næste
	vaske
	ferie

Lytteøvelse 18

Lyt og svar på spørgsmålene

1 : Hvor vil hun gerne hen? _____

2 : Hvordan tror hun, der er? _____

3 : Hvordan tror han, der er? _____

4 : Hvad vil hun gøre nu? _____

Perfektionstræning

Lav en dialog og lær den udenad

A og B snakker om næste ferie.

Har du set min pengepung?

Anna   : Har du set min pengepung? Jeg kan ikke finde den.

Mikkel : Nej, det har jeg ikke. Hvornår havde du den sidst?

Anna   : Det kan jeg ikke huske.

Mikkel : Hvad har du lavet i dag?

Anna   : Ja, jeg stod op i morges og gik i bad, og da jeg havde spist morgenmad, tog jeg med bussen ud til universitetet.

Mikkel : Betalte du ikke i bussen?

Anna   : Nej, men jeg viste mit buskort, og det ligger altid i min pengepung.

Mikkel : Godt. Hvad lavede du så bagefter?

Anna   : Ude på universitetet købte jeg en kop te og gik ind i min klasse, og da vi havde haft grammatik, tog jeg bussen hjem igen.

Mikkel : Måske er din pengepung blevet stjålet i bussen.

Anna   : Åh nej! Mit dankort lå i pungen!

Mikkel : Jeg synes, du skal ringe og spærre det.

Anna   : Ja, det gør jeg nu.

STRUKTUR 1

A : Har du set mit ur?

B : Ligger det ikke ude i køkkenet (/ ude på køkkenbordet / ude på badeværelset / ude i gangen / inde i stuen / inde på sofabordet / inde i skabet i stuen / nede i en kommodeskuffe / nede under avisen / nede i kælderen / oppe på loftet)?

A : Nu skal jeg gå ud (/ ind / hen / ned / op) og se efter.

STRUKTUR 2

A : Hvor er mine nøgler? Jeg kan ikke finde dem, og jeg skal ud på universitetet nu.

B : Har du kigget i din taske? / Ligger de ikke i din taske? / Har du glemt dem ude på universitetet? / Måske ligger de inde på dit skrivebord.

A : Måske.

STRUKTUR 3

A : Hvad har du lavet i dag?

B : Jeg stod op kl. 7 og spiste morgenmad, og da jeg havde spist morgenmad, cyklede jeg på arbejde. Jeg arbejdede til klokken 16, og da jeg havde fri, cyklede jeg hjem og lavede mad.

Indsæt et ord på hver linje

A : Har du set mit halstørklæde. Jeg kan ikke finde _____ .

B : Ligger det ikke _____ i gangen?

A : Nu skal jeg gå _____ og se efter det.

A : Jeg kan ikke finde _____ pengepung.

B : Åh nej, havde du _____ penge i den?

A : _____ , 250 kr.

B : Hvornår har du sidst set _____ ?

A : Det kan jeg ikke _____ .

B : Har du _____ noget i dag?

A : Ja, jeg har købt et stykke chokolade nede _____ kiosken på hjørnet.

B : Har du ikke glemt den _____ ?

A : Jo, måske. Vil du med _____ og se efter _____ ?

B : Ja, _____ vil jeg gerne.

A : Pyh, jeg er meget træt _____ aften.

B : Hvad har du _____ ?

A : Først _____ jeg på arbejde, og så _____ jeg ind, og da jeg havde _____ ind, _____ jeg hjem og _____ mad til 10 gæster.

B : Aha.

A : Og da gæsterne var _____ , _____ jeg op, og nu er jeg træt.

B : Det kan jeg _____ forstå.

A : Hvad med dig? Hvad har du _____ i dag?

B : Jeg har haft et møde med _____ chef, og da jeg _____ snakket med ham, gik jeg over på en café og _____ en kop cappuccino, og mens jeg sad og _____ den, kom min gamle skolekammerat, Poul, ind på caféen.

A : Poul Petersen?

B : Ja, og da jeg _____ snakket lidt med ham, inviterede han mig med hjem. Han bor sammen med _____ kone og _____ børn på Østerbro.

A : Det lyder _____ .

B : Ja, jeg skal hilse _____ fra _____ .

Udtaletræning 19

Lyt og gentag

Penge, finde, ringe, ude, inde, hjemme, nede, gade, ventede, skubbede.

Lytteøvelse 19

Lyt og svar på spørgsmålene

1 : Hvad kan han ikke finde?_____

2 : Hvor tror hun først, det er?_____

3 : Hvor tror hun så, det er?_____

4 : Hvad har han lavet i dag?_____

5 : Hvad vil de gøre nu?_____

Perfektionstræning

Lav en dialog og lær den udenad

A kan ikke finde _____ .

B prøver at hjælpe.

Se min nye kjole!

Idas mor	:	Hej Klaus og Ida.
Ida	:	Hej mor. Undskyld, vi kommer lidt for sent, men vi har været på udsalg.
Idas mor	:	Har I købt noget?
Ida	:	Ja, jeg har købt en lyserød bluse, og et hvidt tørklæde, et par flotte, sorte bukser og et sort- og rødstribet tørklæde.
Klaus	:	Og jeg har købt en vinterfrakke og et gråt halstørklæde.
Idas mor	:	Det lyder dyrt.
Ida	:	Nej, den lyserøde bluse kostede kun 48 kr., og den sorte kostede 58 kr., og bukserne var sat 130 kr. ned.
Idas mor	:	Det lyder godt. Hvad kostede din frakke, Klaus?
Klaus	:	899 kr., men den havde kostet næsten 1800 kr.
Ida	:	Se her! Hvad siger du så?
Idas mor	:	Bukserne er flotte, men jeg synes ikke, bluserne er så fantastiske.
Ida	:	Det synes jeg heller ikke, men det var da billigt, ikke?
Idas mor	:	Jo ...

STRUKTUR 1

A : Hvad har du købt?

B : Jeg har købt en ny bluse (/ en ny t-shirt / en ny sweater / en ny kjole / en ny nederdel / en ny jakke / en ny frakke) og et nyt halstørklæde (/ et nyt bælte / et nyt slips) og et par nye bukser (/ par nye sko / par nye strømper / par nye sokker) og to par nye bluser.

STRUKTUR 2

A : Hvad kostede den hvide bluse? B : Den kostede 198,00 kr.

A : Hvad kostede det hvide bælte? B : Det kostede 125,50 kr.

A : Hvad kostede de hvide bukser? B : De kostede 543,00 kr.

STRUKTUR 3

A : Hvad synes du om blusen? B : Den er pæn (/ sød / flot / grim). / Den er for stor (/ lille).

A : Hvad synes du om bæltet? B : Det er pænt (/ sødt / flot / grimt). / Det er for stort (/lille).

A : Hvad synes du om bukserne? B : De er pæne (/ søde / flotte / grimme). / De er for store (/ små).

A : Hvad synes du om tøjet? B : Det er for stort (/ småt).

STRUKTUR 4

A : Hvordan ser din nye bluse ud? B : Den er hvid (/ blå / rød / grøn / gul / brun / lysegrøn / mørkegrøn / stribet / ternet / prikket / blomstret / mønstret / ensfarvet).

A : Hvordan ser dit nye bælte ud? B : Det er hvidt (/ blåt / rødt / grønt / gult / brunt / lysegrønt / stribet).

A : Hvordan ser dine nye bukser ud? B : De er hvide (/ blå / røde / grønne / gule / brune / lysegrønne / stribede).

Indsæt et ord på hver linje

A **:** _____ du fået ny frakke?

B **:** Ja, _____ synes du om _____?

A **:** Den er _____. Hvor har du _____ den henne?

B **:** _____ Magasin.

A **:** Hvad _____ den?

B **:** 1679 kr.

A **:** Det var _____.

B **:** Det _____ jeg ikke.

A **:** Jeg har lige _____ et par nye sko.

B **:** Må jeg se _____?

A **:** Ja, her. Hvad synes du om _____?

B **:** De er _____.

A **:** Ja, det synes jeg _____.

A **:** Kan jeg _____ med noget?

B **:** Ja, jeg vil gerne _____ på en sommerkjole.

A **:** Ja, det er herhenne.

B **:** Hvad koster den _____?

A **:** _____ koster 699 kr.

B **:** Det er en _____ kjole, _____ jeg.

A **:** Vil du prøve _____?

B **:** Ja tak.

A **:** Nå, hvad _____ du om det her halstørklæde?

B **:** Jeg kan ikke så godt lide _____.

A **:** Vi har også et _____.

B **:** Ja, det er _____.

A **:** Hvad synes du om mit _____ bælte?

B **:** Det er _____. Hvor har du _____ det henne?

A **:** _____ Spanien. Det var meget _____.

Det _____ kun 80 kr.

Hvad har de købt på udsalg?

Lav en beskrivelse

Udtaletræning 20

Lyt og gentag

[å]	[å]
blå	blåt
grå	blågrøn
små	blåternet
	gråt
	grågrøn
	gråstribet
	småt
	småbørn

Lytteøvelse 20

Lyt og svar på spørgsmålene

1 : Hvad har Emil købt? _____

2 : Hvordan er den? _____

3 : Hvad har den kostet? _____

4 : Hvorfor var den så billig? _____

5 : Hvad vil Emil gøre nu? _____

Perfektionstræning

Lav en dialog og lær den udenad

A og B snakker sammen. B har lige købt _____ .

Hvad skal vi give Emil?

Mikkel : Du Anna, er det ikke i morgen aften, vi skal til Emils fødselsdag?
Anna : Jo.
Mikkel : Hvor gammel bliver han?
Anna : 25.
Mikkel : Er han ikke ældre?
Anna : Nej, han er lige så gammel som mig.
Mikkel : Hvad skal vi give ham?
Anna : Hvad med den nye cd med Carl Nielsens sange?
Mikkel : Uh nej! Klassisk musik er ikke noget for ham. Er det ikke bedre at give ham en bog?
Han elsker at læse i sommerferien.
Anna : Jo, men bøger er så dyre.
Mikkel : De er da ikke dyrere end cd'er.
Anna : Nej, det er måske rigtigt nok. Hvad med en kriminalroman af Jussi Adler-Olsen?
De er meget populære, og de koster kun 98 kr. i Føtex.
Mikkel : Det lyder helt fint. Kan du købe en? Jeg har ikke tid i morgen.
Anna : Ja, det skal jeg nok. Jeg skal alligevel købe ind til weekenden.

STRUKTUR 1

A : Hvor gammel er han?
B : Han er to år ældre (/ yngre) end mig (/ dig / os / sin søster). /
Han er lige så gammel som mig (/ dig / os / sin søster).

STRUKTUR 2

A : Hvad skal vi give Emil i fødselsdagsgave (/ i julegave / i konfirmationsgave / i eksamensgave /
i bryllupsgave / i 25 års jubilæumsgave)?
B : Hvad med at give ham en bog (/ en cd / en flaske rødvin / en buket blomster / et par løbesko / et ur /
nogle penge)?
A : Det er en god idé.
/ Nej, bøger (cd'er) er for dyre (/ kedelige). Er det ikke en bedre idé at købe ham en flaske whisky?

STRUKTUR 3

A : Hvad for en slags musik kan han bedst lide?   B : Han kan bedst lide klassisk musik.
B : Hvad for en farve kan han bedst lide?   B : Han kan bedst lide blå.

STRUKTUR 4

A : Hvad kan han bedst lide, klassisk musik eller rock?
B : Han kan bedst lide klassisk musik.

Indsæt et ord på hver linje

A : Hvad skal vi _____ Christina i fødselsdagsgave?

B : Hvad med et _____ ?

A : Er det ikke for _____ ? Skal vi ikke hellere købe en _____ ?

B : Jo, hvad for en _____ musik kan hun _____ lide?

A : Dansk folkemusik, _____ jeg.

B : Hvad så _____ en cd med Spillemændene?

A : Ja, det er en _____ idé.

A : Hvor gammel er Finn?

B : Det _____ jeg ikke rigtig, men jeg _____ , at han er

lidt _____ end Line, og hun er 25.

A : Hvem er _____ , Mads eller Kim?

B : Det er Kim. Han er to måneder _____ end Mads .

A : Så er Kim den _____ i klassen?

B : Ja, det _____ han.

A : Hvem er den _____ af jer to søskende?

B : Det _____ Mette.

A : _____ er det Pouls fødselsdag?

B : Den 4. december.

A : Skal vi ikke _____ fødselsdagsfest?

B : Det _____ jeg ikke.

A : Hvor gammel er du?

B : 32.

A : Så er du _____ så gammel som _____ .

Udtaletræning 21

Lyt og gentag

[ɔ]   bedre, ældre, yngre

[ɔ·ɔ] dyrere, billigere, sjovere, flottere, hellere.

Lytteøvelse 21

Lyt og svar på spørgsmålene

1 **:** Hvem er det, der skal giftes? _____

2 **:** Hvornår? _____

3 **:** Hvad synes han, de skal give dem? _____

4 **:** Hvad synes hun? _____

5 **:** Hvad vil de gøre nu? _____

Perfektionstræning

Lav en dialog og lær den udenad

A og B skal til fest hos A's familie.
De snakker om, hvad de skal give dem.

Min kæreste er den flotteste fyr i verden

Anna : Du kender Lucas, ikke?

Mikkel : Lucas? Øh, hvem er det?

Anna : Det er min nye kæreste. Jo, du kender ham godt.

Mikkel : Gør jeg? Hvordan ser han ud?

Anna : Han er lidt højere end dig, og så har han lyst, krøllet hår og blågrønne øjne.

Mikkel : Hvor gammel er han?

Anna : Et par år ældre end mig.

Mikkel : Ham kan jeg altså ikke huske.

Anna : Jo, det var ham, du snakkede med til Idas fest.

Mikkel : Nåh, ham, der studerer jura.

Anna : Ja.

Mikkel : Ja, han er vældig flink. Jeg vidste ikke, det var din nye kæreste.

STRUKTUR 1

A : Hvordan ser han ud?

B : Han har mørkt (/ lyst / sort / gråt / hvidt / brunt / rødt / krøllet / glat / langt / kort / halvlangt) hår.
Han har brune (/ blå / grønne / sorte) øjne.
Han har briller (/ skæg / fuldskæg / overskæg).
Han er høj (/ lille / slank / tynd / tyk / kraftig / skaldet).

STRUKTUR 2

A : Ham kan jeg ikke huske.

B : Jo, det er ham med det mørke (/ lyse / sorte / grå / hvide / brune / røde / krøllede / lange / korte) hår.
Det er ham med de brune (/ blå / grønne / sorte) øjne.
Det er ham med brillerne (/ med skægget / med den sorte t-shirt).
Det er ham den høje (/ lille / slanke / tynde / tykke / kraftige / skaldede).

STRUKTUR 3

A : Ligner han sin søster?

B : Ja, men han er meget højere (/ mindre / tykkere / kraftigere / ældre / yngre) end hende.

STRUKTUR 4

A : Min kæreste er bare den flotteste fyr i Danmark!

B : Ja, og min kæreste er den smukkeste, dejligste og sødeste pige i hele verden!

Indsæt et ord på hver linje

A : Jeg har lige _____ med Helle.

B : Helle? _____ er det?

A : Åh, ved du hvad. Du kender _____ godt.

B : Nej, det _____ jeg ikke.

A : Det er _____, _____ bor sammen med Christian.

B : Nå, hende med det _____, _____ hår?

A : Ja.

A : Jeg har lige _____ Ullas nye ven.

B : _____ ser han ud?

A : Han er lidt _____ end hende, og så har han sort hår og _____ øjne.

B : Er han ikke dansker?

A : Nej, jeg tror, han er _____.

A : Har du _____ søskende?

B : Ja, jeg har en storebror på 27.

A : _____ han dig?

B : Ja, han har også _____ hår, men han er _____ og _____ end _____.

A : Kan du huske Thomas fra skolen?

B : Ja, ham den _____.

A : Ja, jeg tror, han var den _____ i hele skolen.

B : Ja, hvad med _____?

A : Han er lige flyttet ind i det hus, jeg _____ i.

B : Er det rigtigt? Har du _____ med ham?

A : Ja, jeg _____ med ham i går.

Hvordan ser de ud?

Udtaletræning 22

Lyt og gentag

[*ö·ö*]   Øh, hvem?

[*nɔ·ɔ*]   Nåh, ja!

[*i·i*]   Ih, hvor ser du godt ud i dag!

[*å·å*]   Åh nej, jeg har glemt min pengepung!

[*u·u*]   Uh nej, det er for grimt!

Lytteøvelse 22

Lyt og svar på spørgsmålene

1 : Hvem snakker Anna og Ida om? _____

2 : Hvordan ser han ud? _____

3 : Hvad for noget tøj havde han på? _____

4 : Hvor gammel er han? _____

5 : Hvad laver han? _____

Perfektionstræning

Lav en dialog og lær den udenad

A og B snakker om en person.

B kan ikke huske ham (/ hende), så A fortæller, hvordan han (/ hun) ser ud.

Hun bliver sødere og sødere

Anna : Har du hørt, at Klaus og Ida skal flytte fra hinanden?

Mikkel : Nej, det er ikke rigtigt! Hvorfor?

Anna : De har en masse problemer. Ida siger, de er alt for forskellige.
Hun synes, Klaus bliver mere og mere kedelig.

Mikkel : Nej, ved du hvad! Klaus er det flinkeste og mest hjælpsomme menneske, jeg kender.

Anna : Ja, men han er også meget stille, og så elsker han at se fjernsyn, og han er nærig.

Mikkel : Nej, det er han ikke, men han tænker måske lidt mere økonomisk end Ida.
Hun vil jo helst købe det smarteste tøj, hun kan finde, og gå på de dyreste caféer i
hele København, og det har de simpelthen ikke råd til.

Anna : Nu synes jeg, du overdriver!

Mikkel : Så, så. Godt ord igen! Det er jo ikke os, der skal skilles, vel?

STRUKTUR 1

A : Hvad synes du om Anna?

B : Hun er sød (/ flink / rar / venlig / høflig / fræk / sløv / dygtig / stille og rolig / charmerende /
genert / stille og rolig / kedelig / uvenlig / hjælpsom / selvstændig / egoistisk / sympatisk / nervøs /
nysgerrig / irriterende / aggresiv / doven).

STRUKTUR 2

A : Hvad synes du om Ida og Klaus?

B : Hun er sødere (/ mere charmerende) end ham.

STRUKTUR 3

A : Klaus er den sødeste (/ sløveste / dygtigste / frækkeste / dummeste) fyr, jeg nogensinde har mødt.

B : Det er mærkeligt, for hans bror er det mest charmerende (/ generte / stille og rolige /
hjælpsomme / egoistiske / sympatiske / nervøse / nysgerrige / irriterende / aggressive / dovne)
menneske, jeg kender.

Indsæt et ord på hver linje

A : Hvad synes du _____ Emil?

B : Jeg kan ikke _____ ham.

A : Hvorfor ikke?

B : Jeg _____ , han er _____ og _____ .

Synes du _____ ?

A : Nej, jeg synes, han er _____ og _____ .

A : Synes du ikke, Brian og Jesper _____ hinanden?

B : Jo, men Brian er mere _____ end Jesper.

A : Jeg synes, Annette er det _____ hjælpsomme menneske i _____ .

B : Det synes jeg _____ .

A : Kender du Jørgen Hansen?

B : Ja, vi har _____ sammen i 2 år.

A : _____ er han?

B : Han er lidt _____ . Han snakker altid om penge og piger. Hvorfor?

A : Jeg har lige mødt _____ . Vi skal _____ restaurant sammen i aften.

B : Nå da da! Ja, måske er han blevet _____ .

A : Ja, det _____ jeg.

A : Jeg _____ til en _____ fest hos Anne-Mette i går.

B : Det lyder _____ .

A : Vi _____ og _____ , og der var mange meget

_____ mennesker.

B : Var der nogen, jeg _____ ?

A : Kender du Anna og Mikkel?

B : Ja, de er meget _____ . Kender de Anne-Mette?

A : Ja, de _____ sammen.

Udtaletræning 23

Lyt, fyld ud og øv udtalen

Aggressiv, bliver, doven, farve, farvel, halv, hvad, hvem, hvor, København, laver, navn, nervøs, selv, sjov, syv, Svendsen, tolv, torv, universitet, uvenlig, vores.

[v]	[w]	[-]
venlig	sløv	selvstændig

Lytteøvelse 23

Lyt og svar på spørgsmålene

1 : Hvem er det, der efterlyses? _____

2 : Hvordan ser de ud? _____

3 : Hvad har de på? _____

4 : Hvem skal man ringe til, hvis man ser dem? _____

Perfektionstræning

Lav en dialog og lær den udenad

A og B snakker om en person, de kender. De er ikke enige om, hvad de synes om ham (/ hende).

Det kommer an på, hvad det koster

Ida	:	Hej Anna. Vil du ikke med på Café Rust i aften?
Anna	:	Det kommer an på, hvem der spiller?
Ida	:	En amerikansk gruppe. Jeg kan ikke huske hvem, men jeg tror, de er gode.
Anna	:	Ved du, hvad det koster?
Ida	:	120 kr. Det er da ikke så dyrt, vel?
Anna	:	Uh, det er dyrt. Jeg har ikke så mange penge. Kan jeg låne af dig?
Ida	:	Det kommer lidt an på, hvornår jeg får dem tilbage. Jeg har heller ikke så mange penge. Jeg skal snart betale husleje.
Anna	:	Du kan få dem den første.
Ida	:	Hvorfor har du ikke nogen penge?
Anna	:	Fordi jeg ikke har fået løn endnu, men det får jeg i overmorgen.
Ida	:	Så er det ikke noget problem. Skal vi cykle ind til Café Rust?
Anna	:	Ja, hvis det ikke regner.
Ida	:	Hvis det regner, tager vi bare bussen, ikke?
Anna	:	Jo, det gør vi. Jeg kommer hen til dig ved 21-tiden. Hej så længe.
Ida	:	Hej-hej.

STRUKTUR 1

A : Vil du med i Tivoli i aften?

B : Det kommer an på vejret. /
Det kommer an på, om jeg skal arbejde over i eftermiddag. /
Det kommer an på, hvad det koster. /
Det kommer an på så meget.

STRUKTUR 2

A : Hvorfor vil du ikke med?

B : Fordi jeg ikke har nogen penge. /
Fordi jeg ikke har tid. /
Fordi jeg hellere vil blive hjemme og slappe af i aften.

STRUKTUR 3

A : Hvad skal du lave på lørdag?

B : Hvis det bliver godt vejr, vil jeg cykle en lang tur, og hvis det ikke bliver godt vejr, vil jeg blive hjemme og chatte med mine venner.

Indsæt et ord på hver linje

A **:** Vil du med _____ Bornholm i sommerferien?

B **:** Det kommer _____ på, hvad det _____.

Jeg har ikke så _____ penge.

A **:** Jeg har en kusine i Nexø, og _____ vi kan bo hos _____ ,

bliver det ikke så dyrt.

A **:** Hvorfor vil du _____ med til festen?

B **:** Fordi jeg _____ vil se fjernsyn og slappe _____ .

A **:** Tror du, Klaus kommer _____ aften?

B **:** Det _____ jeg ikke. Det kommer an på, _____ han skal arbejde.

A **:** Vil du ikke lige _____ mig med noget?

B **:** Det kommer an på, _____ jeg skal hjælpe dig _____ .

A **:** Kan du ikke _____ mit hjemmearbejde?

B **:** Nej, det _____ jeg ikke.

A **:** Hvorfor ikke?

B **:** Fordi du ikke lærer noget, _____ jeg laver det for dig.

A **:** Hvad skal du lave _____ weekenden?

B **:** _____ det bliver regnvejr, skal jeg læse en bog, men _____ det bliver

_____ , skal jeg til stranden.

A **:** Hvad _____ en flybillet fra Kastrup til Karup?

B **:** Det _____ an på, _____ du skal rejse. Hvis du kan rejse

_____ weekenden, er det _____ end de andre dage.

Udtaletræning 24

Lyt, læg mærke til rytmen og gentag

1. rytmegruppe	2. rytmegruppe	3. rytmegruppe	4. rytmegruppe	5. rytmegruppe
Har du ˈnogensinde været på	ˈÆrø?			
ˈJa, jeg	ˈvar der for	ˈto ́	ˈår ́	ˈsiden.
Hvorˈfor	ˈspør ́ger du?			
Jeg kunne ˈgodt	ˈtænke mig at rejse der-	ˈover, når vi er	ˈfærdige med ek-	ˈsamen.
Kunne du	ˈikke	ˈogså?		
Det ˈved ́ jeg ikke	ˈrigtig.			
Jeg ˈsynes, der er	ˈdejligt på	ˈÆrø,		
men jeg vil ˈhellere til	ˈSka ́gen.			
ˈDer har jeg	ˈaldrig været,			

Lytteøvelse 24

Lyt og svar på spørgsmålene

1 : Hvorfor holder han fest? _____

2 : Kommer hun? _____

3 : Hvad kommer det an på? _____

4 : Hvornår ringer hun til ham? _____

Perfektionstræning

Lav en dialog og lær den udenad

A inviterer B, men B ved ikke, om han (/hun) kan komme. Det kommer an på ...

Hvad siger du?

Jean : Skal vi danse?

Ida : Hvadbehager?

Jean : Jeg spørger, om du vil danse med mig.

Ida : Det vil jeg gerne. Hvad hedder du?

Jean : Hvad siger du?

Ida : Jeg spørger, hvad du hedder.

Jean : Jeg hedder Jean. Hvad med dig? Hvad hedder du?

Ida : Ida.

Jean : Tina? Hedder du Tina?

Ida : Nej, jeg hedder Ida.

Jean : Hvad?

Ida : Jeg siger, at jeg hedder Ida.

Jean : Fint nok. Hej Ida.

Ida : Er du ikke dansker?

Jean : Hvad siger du?

Ida : Jeg spørger, om du ikke er dansker.

Jean : Nej, jeg kommer fra Frankrig, men jeg har boet her i fire år.

Ida : I fire år?

Jean : Ja, men ved du hvad? Jeg kan næsten ikke høre, hvad du siger.
Skal vi ikke gå et andet sted hen?

Ida : Jo, det kan vi godt.

STRUKTUR 1

A : Hvadbehager? / Hvad? / Hvad siger du? /
Undskyld, vil du (ikke) godt tale (lidt) langsommere (/ tydeligere / højere)? /
Vil du (ikke) godt gentage det?

B : Jeg spørger, hvad du hedder (/ hvor du kommer fra / hvornår du er kommet til Danmark /
hvorlænge du har været her / om du hedder Tina).

STRUKTUR 2

A : Hvad siger han?

B : Han siger, (at) han kommer fra Frankrig. /
Han siger, (at) han ikke kan tale dansk. /
Han siger, (at) han godt kan forstå, hvad hun siger.

Indsæt et ord på hver linje

A : "Veduvåhoedbangårnr"?

B : _____, vil du godt _____ det?

A : "Veduvåhoedbangårnr"?

B : Jeg kan desværre ikke _____ hvad du siger. Kan du ikke tale

lidt _____?

A : "VED DU, HVOR HO-VED-BA-NE-GÅR-DEN ER?"

B : Nåh, Hovedbanegården. Ja _____, det er lige derhenne til _____.

A : Tak skal du _____.

B : Det var så _____.

A : Jeg _____ snakket med Peter. Jeg skal hilse _____ mange gange.

B : Tak. Hvordan går det med _____?

A : Godt, men han siger, _____ har nogle problemer med _____ chef.

Chefen _____, at Peter _____ kommer for sent.

A : Hvad siger Peter til det?

B : Han siger, at det ikke er _____.

A : Jeg skal _____ dig fra Mette.

B : Tak skal du _____. Hvordan går det med _____?

A : Hun siger, _____ det går _____, men hun ser trist ud.

B : Nå? Jeg skal _____ med hende i morgen, og så _____ jeg spørge,

_____ hun har problemer.

A : Jeg har lige _____ med Anna.

B : Ja?

A : Hun siger, at hun _____ vil komme til _____ fødselsdagsfest på lørdag.

B : Det lyder rigtig, rigtig _____.

Hvadbehager?

Udtaletræning 25

Lyt, fyld ud og øv udtalen af 'at'

		[a]	[ɔ]
1	Han siger, at han ikke kan tale dansk	**X**	
2	Er det ikke svært at lære dansk?		
3	Nej, jeg er lige begyndt at lære det,		
4	og jeg synes ikke, at det er så svært.		
5	Min mand siger også, at det er let.		
6	Han tror, at jeg kan blive perfekt på et år,		
7	og han prøver at hjælpe mig.		
8	At læse dansk er ikke så svært,		
9	men at forstå danskerne, når de snakker hurtigt, er virkelig ikke let!		
10	Og udtalen! Den er svær at lære!		
11	Jeg synes nu allerede, at du er dygtig!		
12	Tak skal du have. Det var hyggeligt at snakke med dig.		
13	Jeg håber, at vi snart ses igen.		

Lyt og svar på spørgsmålene

1 : Hvad spørger Ida sin oldemor om? _____

2 : Hvad fortæller oldemor? _____

3 : Hvad siger lægen? _____

4 : Hvad er Ida glad for at høre? _____

5 : Hvad vil de gøre nu? _____

Perfektionstræning

Lav en dialog og lær den udenad

A og B er i en situation med kommunikationsvanskeligheder. Lav dialogen.

Danmark

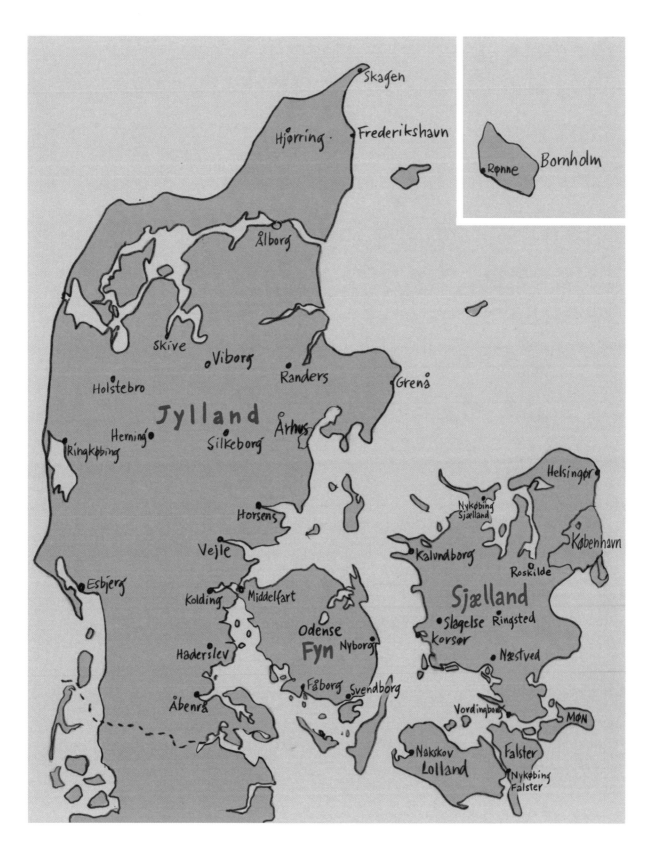

Det danske alfabet

a b c d e f g
h i j k l m n
o p q r s t u
v w x y z æ ø å

A B C D E F G
H I J K L M N
O P Q R S T U
V W X Y Z Æ Ø Å

abcdefg
hijklmn
opqrstu
vxyzæøå

ABCDEFG
HIJKLMN
OPQRSTU
VXYZÆØÅ

Det fonetiske alfabet

[a]   som a i alfabet

[α]   som a i aften

[b]   som b i Berlin

[d]   som d i dansk

[ð]   som d i hedder

[e]   som e i en

[ə]   som e i Lise

[ɔ]   som i alfabet

[f]   som i f fem

[g]   som i g går

[h]   som h i hedder

[i]   som i i fire

[j]   som j i Jylland

[k]   som k i København

[l]   som l i lidt

[m]   som m i mand

[n]   som n i ni

[ŋ]   som ng i England

[o]   som o i Odense

[ɔ]   som o i kommer

[p]   som p i Polen

[r]   som r i Rusland

[ɹ]   som r i Tyrkiet

[s]   som s i seks

[ş]   som sj i Sjælland

[t]   som t i to

[u]   som u i USA

[w]   som u i Australien

[v]   som v i vi

[y]   som y i Tyskland

[æ]   som æ i præsentation

[ä]   som æ i træt

[ø]   som ø i Østrig

[ö]   som ø i søndag

[ɔ̈]   som ø i gør

[å]   som å i måde

[å]   som å i Århus

[ˈ]   hovedtryk som i ˈDanmark

[ˌ]   bitryk som i Danˌmark

[ˈ]   stød som i danˈsk

[ð̩]   udtrækning af lyden som i hedde

[-]   udtales ikke

Tal

Kardinaler

1 en / et	10 ti	20 tyve	30 tredive
2 to	11 elleve	21 enogtyve	40 fyrre
3 tre	12 tolv	22 toogtyve	50 halvtreds
4 fire	13 tretten	23 treogtyve	60 tres
5 fem	14 fjorten	24 fireogtyve	70 halvfjerds
6 seks	15 femten	25 femogtyve	80 firs
7 syv	16 seksten	26 seksogtyve	90 halvfems
8 otte	17 sytten	27 syvogtyve	100 hundrede
9 ni	18 atten	28 otteogtyve	1000 tusind
	19 nitten	29 niogtyve	

Ordinaler

1. første	10. tiende	20. tyvende	30. tredivte
2. anden	11. ellevte	21. enogtyvende	31. enogtredivte
3. tredje	12. tolvte	22. toogtyvende	
4. fjerde	13. trettende	23. treogtyvende	
5. femte	14. fjortende	24. fireogtyvende	
6. sjette	15. femtende	25. femogtyvende	
7. syvende	16. sekstende	26. seksogtyvende	
8. ottende	17. syttende	27. syvogtyvende	
9. niende	18. attende	28. otteogtyvende	
	19. nittende	29. niogtyvende	

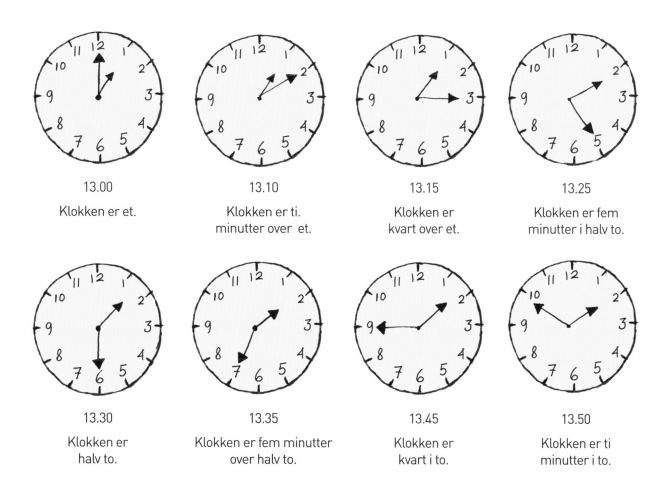

13.00	13.10	13.15	13.25
Klokken er et.	Klokken er ti. minutter over et.	Klokken er kvart over et.	Klokken er fem minutter i halv to.
13.30	13.35	13.45	13.50
Klokken er halv to.	Klokken er fem minutter over halv to.	Klokken er kvart i to.	Klokken er ti minutter i to.

en uge en måned et år	for tre dage siden / i mandags / i forgårs i går / i aftes / i går morges / i går eftermiddags	mandag / tirsdag / onsdag / torsdag/ fredag / lørdag / søndag
en morgen en formiddag en middag en eftermiddag en aften en nat	i dag i morgen i overmorgen om tre dage / på mandag hver mandag / om mandagen	januar / februar / marts / april / maj / juni / juli / august / september / oktober / november / december
		forår / sommer / efterår / vinter

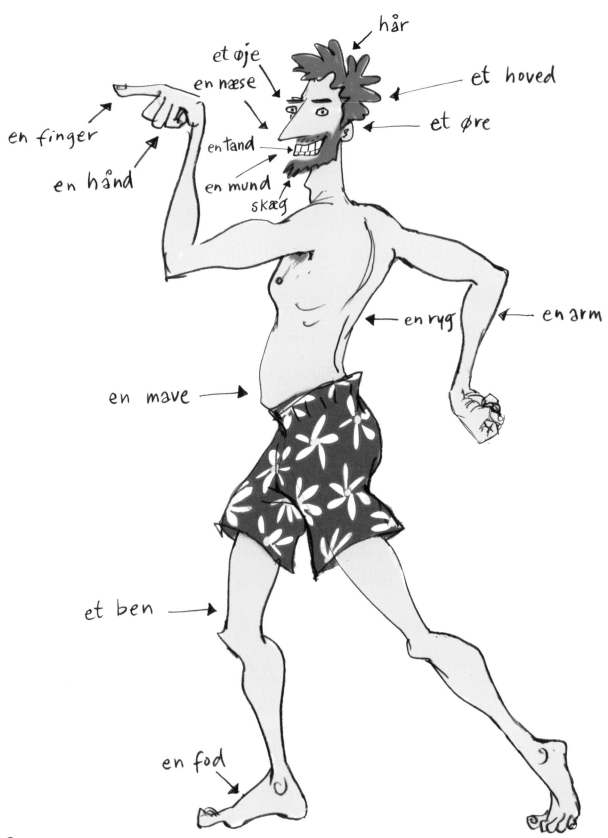

hår

et øje

en næse

et hoved

en finger

et øre

en hånd

en tand

en mund

skæg

en ryg

en arm

en mave

et ben

en fod

Måltider

Morgenmad:

en kop kaffe / en kop te / et glas mælk / et glas juice

yoghurt med müsli / et æg / et stykke franskbrød med marmelade / et stykke rugbrød med ost / et rundstykke / et stykke wienerbrød

Frokost:

et stykke smørrebrød

et stykke rugbrød med sild / æg / pølse / leverpostej / fiskefilet / rejer / rejesalat

Eftermiddagskaffe:

en kop kaffe / en kop te / en kop kakao

en kage / et stykke kage / et stykke wienerbrød / en ostemad / en småkage / en cookie

Aftensmad / middag:

til forret:
tomatsuppe / en avocado med rejer / et stykke med rejer / en rejecocktail

til hovedret:
en hakkebøf / en engelsk bøf / en kotelet / to frikadeller / en halv kylling / fisk / pizza / salat / kartofler / ris / spagetti / sovs / flute / brød

til dessert:
is / frugt / chokoladekage / rødgrød med fløde / ost

drikkevarer:
hvidvin / rødvin / rosévin / danskvand (/ mineralvand) / et glas juice.

Forretninger

En bager / et bageri:

brød / morgenbrød / rundstykker / kager / wienerbrød / småkager / cookies /mælk / smør / fløde / ost.

En grønthandler / en grønthandel:

grøntsager / kartofler / tomater / agurker / salat / gulerødder / ærter / porrer / champignoner / avocadoer / auberginer / frugt / æbler / pærer / appelsiner / bananer / citroner / ananas / vindruer.

En ostehandler / en ostehandel:

ost / brieost / roquefort / smør / kiks.

En købmand / en købmandsbutik:

mel / sukker / kaffe / te / sodavand / vin / øl / chokolade / slik / aviser / cigaretter.

En fiskehandler / en fiskehandel:

fisk / torsk / makrel / laks / sild.

Et supermarked:

brød / morgenbrød / rundstykker / kager / wienerbrød / småkager / cookies / mælk / smør / fløde / ost / grøntsager / kartofler / tomater / agurker / salat / gulerødder / ærter / porrer / champignoner / avocadoer / auberginer / frugt / æbler / pærer / appelsiner / bananer / citroner / ananas / vindruer / ost / brieost / roquefort / smør / kiks / mel / sukker / kaffe / te / sodavand / vin / øl / chokolade / slik / aviser / cigaretter.

En kiosk:

sodavand / vin / øl / chokolade / slik / aviser / cigaretter.

En boghandler / en boghandel:

ordbøger / romaner / papir / kuglepenne / blyanter.

En tøjforretning / en tøjbutik:

tøj til kvinder:
nederdele / kjoler / bukser / jeans / cowboybukser / bluser / sweatre / trøjer / bukser / strømper / sokker / bælter / tørklæder

tøj til mænd:
bukser / jeans / cowboybukser / skjorter / t-shirts / sweatre / trøjer / slips / sokker / jakkesæt / bælter

undertøj:
underbukser / trusser / undertrøjer / bh'er

overtøj:
frakker / jakker / pelse / halstørklæder

badetøj:
badebukser / badedragter / bikinier

nattøj:
natkjoler / pyjamasser.

En skoforretning / en skobutik:

et par sko / et par støvler / et par sportssko / et par sandaler / et par hjemmesko.

En isenkræmmer:

glas / tallerkner / kopper / gafler / knive / gryder / pander.

En møbelforretning:

stole / lænestole / spiseborde / skriveborde / sofaborde / computerborde / skabe / kommoder / reoler / lamper / sofaer.

Andre

en bank / et apotek / et posthus / et bibliotek / et vaskeri / en restaurant / en café / en bar / et værtshus / et diskotek / en kantine / et cafeteria / et pizzaria / en grillbar / en pølsevogn / et hotel / en kro.

Familie

	♂	♀
Mennesker	en mand	en kvinde
	en husbonde	en hustru
		en kone
Forældre	en far	en mor
Børn	en søn	en datter
Søskende	en bror	en søster
	en dreng	en pige
	en farfar	en farmor
Slægtninge	en morfar	en mormor
	en bedstefar	en bedstemor
	en onkel	en tante
	en farbror	en faster
	en morbror	en moster
	en fætter	en kusine
	en oldefar	en oldemor
	en tipoldefar	en tipoldemor
	en tiptipoldefar	en tiptipoldemor
	en halvbror	en halvsøster
Anden familie	en stedfar / en papfar	en stedmor / en papmor
	en stedbror / en papbror	en stedsøster / en papsøster
	en svigerfar	en svigermor
	en svigersøn	en svigerdatter
	en svoger	en svigerinde
Andre relationer	en ven	en veninde
	en fyr	en pige
	en kæreste	en kæreste
	en halvkæreste	en halvkæreste

Bolig

En bolig:

et hus / en villa / et parcelhus / en lejlighed / en ejerlejlighed / en leje-lejlighed /
en andelslejlighed / et værelse / et kollegium / et bofællesskab / et kollektiv

En spisestue:

et (spise)bord / stole / et skab / billeder / malerier / plakater

En dagligstue:

en sofa / et sofabord / en lænestol / et gulvtæppe / et fjernsyn / en radio / en cdafspiller
/ lamper / malerier / billeder / plakater / reoler / skabe / blomstervaser / potteplanter

Et soveværelse:

en (dobbelt)seng / et klædeskab / et natbord / en natlampe

Et børneværelse:

en børneseng / et klædeskab / legetøj / plakater / børnebøger

Et arbejdsværelse:

et skrivebord / en skrivebordsstol / en computer / en printer / en scanner / en telefon / en bogreol

Et badeværelse

et badekar / et brusebad / en håndvask / et spejl / et håndklæde

Et toilet

et toilet / en håndvask / et spejl / et håndklæde

En gang / en entré

en knagerække / et spejl

Lektionerne 1-25 med tryk og stød

Hej! Hvad hedder du?

LEKTION
1

Anna : ˈHej. Jeg ˈhedˊder ˈAnna. ˈHvad ˈhedˊder ˈdu?
Tom : Jeg hedder ˈTomˊ. ˈHvorˊ ˈkomˊmer du ˈfraˊ?
Anna : Jeg er ˈdansker.
Tom : Kommer du fra Købenˈhavˊn?
Anna : ˈNejˊ, fra ˈOdˊense. ˈHvad med ˈdig? ˈHvor ˈkomˊmer ˈdu ˈfraˊ?
Tom : Jeg er ameriˈkaˊner. Jeg ˈkomˊmer fra New ˈYork. Kan du tale ˈengˊelsk?
Anna : ˈJa, ˈdet kan jeg ˈgodt. Kan ˈdu tale ˈdanˊsk?
Tom : ˈJa, ˈlidt.

Hvordan går det?

LEKTION
2

Anna : ˈHej ˈTomˊ. ˈHvorˈdan ˈgårˊ det?
Tom : ˈFinˊt. ˈHvorˈdan ˈgårˊ det med ˈdig?
Anna : ˈIkke ˈsærlig ˈgodt.
Tom : ˈHvad er der i ˈvejˊen?
Anna : Jeg er ˈmeget, ˈmeget forˈkøˊlet.
Tom : ˈDet var ˈikke så ˈgodt. ˈGod ˈbedring!
Anna : ˈTak skal du ˈhaˊve. ˈNå, vi ˈseˊs i ˈmorgen. ˈHaˊv en ˈgoˊd ˈdaˊg!
Tom : ˈTak i ˈlige ˈmåde. ˈHej-ˈhej.
Anna : ˈHej-ˈhej.

Vil du med i Tivoli?

LEKTION
3

Klaus : ˈHej!
Anna : ˈHej ˈKlauˊs! ˈHvorˈdan ˈgårˊ det?
Klaus : ˈFinˊt. ˈHvorˈdan ˈgårˊ det med ˈjer?
Anna : ˈGodt.
Klaus : ˈMads og jeg skal i ˈTivoli i ˈaften. Vil I ˈikke ˈmed?
Mikkel : ˈJo, men jeg ˈkanˊ ikke. Jeg skal på ˈarˌbejˊde.
Anna : Jeg vil ˈgerne ˈmed. Hvorˈnårˊ?
Klaus : Klokken ˈhalˊv ˈniˊ.
Anna : Det er ˈfinˊt. Vi ˈseˊs i ˈaften.
Klaus : ˈJa, det ˈgør vi, og ˈhaˊv en ˈgoˊd ˈaften, ˈMikkel.
Mikkel : ˈTak i ˈlige ˈmåde. ˈHej-ˈhej!
Klaus : ˈHej-ˈhej!

Hvad skal du lave i weekenden?

Anna   : ꞋHvad skal du Ꞌlave i ꞋweekₗenꞋden?
Søren : ꞋÅh, Ꞌikke noget Ꞌsærligt. Jeg skal se ꞋfjernꞋₗsyꞋn og Ꞌsådan Ꞌnoget. ꞋHvad med Ꞌdig?
Anna   : Jeg skal på ꞋarₗbejꞋde på ꞋfreꞋdag, men på Ꞌlørₗdag skal jeg holde Ꞌfest. Vil du Ꞌmed?
Søren : ꞋDet Ꞌlyd꞉er Ꞌgodt. HvorꞋnårꞋ?
Anna   : ꞋKlokken Ꞌ19Ꞌ.
Søren : Skal vi Ꞌspise?
Anna   : ꞋJa, du må Ꞌgerne tage en flaske ꞋviꞋn Ꞌmed.
Søren : ꞋFinꞋt. Vi Ꞌse꞉s Ꞌlørₗdag Ꞌaften Ꞌklokken Ꞌ19.
Anna   : ꞋJa, det Ꞌgør vi. ꞋHej-Ꞌhej!
Søren : ꞋHej-Ꞌhej!

Er du hjemme nu?

Ida   : ꞋHej ꞋMikkel!
Mikkel : ꞋHej ꞋIda! HvorꞋdan Ꞌgår꞉ Ꞌdet?
Ida   : Det går Ꞌmeget Ꞌgodt. ꞋHvad med Ꞌdig?
Mikkel : Det går Ꞌogså Ꞌgodt. ꞋEr du Ꞌhjemme Ꞌnu?
Ida   : ꞋJa, Ꞌdet Ꞌer jeg. Jeg Ꞌslapper Ꞌa꞉f og hører muꞋsik. Hvad med Ꞌdig? ꞋHvor er Ꞌdu Ꞌhenne?
Mikkel : Jeg er på universiꞋteꞋtet. Jeg ꞋarₗbejꞋder på en Ꞌopₗgave Ꞌsam꞉men med ꞋPe꞉ter, men vi Ꞌhar꞉ et proꞋblem꞉ Ꞌnu. ꞋHar du ꞋKristians Ꞌe-Ꞌmail-aꞋdresse?
Ida   : ꞋJa, Ꞌdet Ꞌtror jeg. Et Ꞌøjeₗblik. ꞋHer꞉ er den: ꞋKꞋ꞉PꞋ꞉IꞋ꞉EꞋ@Ꞌg꞉ₗmail.Ꞌcom꞉.
Mikkel : ꞋKꞋ꞉PꞋ꞉IꞋ꞉IꞋ?
Ida   : ꞋNej꞉, ꞋKꞋ꞉PꞋ꞉IꞋ꞉EꞋ, og så @ Ꞌg꞉ₗmail.Ꞌcom꞉.
Mikkel : ꞋKꞋ꞉PꞋ꞉IꞋ꞉EꞋ@Ꞌg꞉ₗmail.Ꞌcom꞉.
Ida   : ꞋJa, Ꞌdet er Ꞌrigtigt.
Mikkel : ꞋGodt. Jeg Ꞌsender ham en Ꞌmail. ꞋTak for ꞋhjælꞋpen, ꞋIda.
Ida   : ꞋSelꞋv tak. HvorꞋnårꞋ kommer du Ꞌhjem꞉?
Mikkel : ꞋJeg er Ꞌhjemme ved Ꞌ2Ꞌ2-ꞋtidꞋen. Vi Ꞌse꞉s. ꞋHej-Ꞌhej!
Ida   : ꞋHej-Ꞌhej!

Vil du med ud at løbe?

Anna   : Du ꞋSøren, vil du Ꞌikke Ꞌmed på CaꞋfé꞉ ꞋSommerₗskoꞋ i Ꞌaften?
Søren : Det Ꞌkan jeg desꞋværre Ꞌikke. Jeg skal Ꞌtræne.
         Vi skal Ꞌspille mod ꞋVanₗløse ꞋIꞋ꞉F på Ꞌlørₗdag.
Anna   : Spiller du ꞋfodₗbolꞋd?
Søren : ꞋJa, Ꞌto꞉ Ꞌgange om Ꞌugen. Kan du Ꞌikke lide ꞋfodₗbolꞋd?
Anna   : ꞋNej꞉, men jeg kan Ꞌgodt ꞋliꞋde at Ꞌløbe. Jeg ꞋløꞋber Ꞌ3Ꞌ꞉kꞋm ꞋhverꞋ Ꞌmorgen.
Søren : Du ꞋløꞋber om Ꞌmorgenen! HvorꞋnårꞋ står du Ꞌop?
Anna   : ꞋKlokken Ꞌ6. Vil du Ꞌikke Ꞌmed ud at Ꞌløbe i Ꞌmorgen?
Søren : ꞋNej Ꞌtak, jeg kan Ꞌikke ꞋliꞋde at stå så Ꞌtidligt Ꞌop.

Vil du have en kop kaffe?

Anna   : Hvad vil ˈdu ˈhaˊve?
Mikkel   : Jeg vil ˈgerne ˈhaˊve en kop ˈkaffe.
Anna   : ˈDet vil jeg ˈogså.ˈTjener!
Tjeneren   : ˈJa?
Anna   : Vi vil ˈgerne ˈhaˊve ˈtoˊ kopper ˈkaffe.
Tjeneren   : ˈJa. Skal I have ˈnoget at ˈspise?
Mikkel   : Jeg vil ˈgerne have et stykke chokoˈladeˌkage.
Anna   : ˈNejˊ ˈtak.
Tjeneren   : ˈTo kopper ˈkaffe og ˈet stykke chokoˈladeˌkage.
Anna   : ˈJa ˈtak.
                    ...
Tjeneren   : ˈVærsˌgoˊ. Det bliver ˈ7ˈ1ˊ,ˈ50ˊ kr.
Anna   : ˈVærsˌgoˊ.
Tjeneren   : ˈTak.

Kom indenfor!

Mikkel : ˈHej ˈKlauˊs. Kom ˈindenˌfor!
Klaus   : ˈTak skal du ˈhaˊve. Hvorˈdan ˈgårˊ det?
Mikkel : ˈFinˊt. ˈHvad med ˈdig?
Klaus   : Det går ˈfinˊt. Er ˈAnna ˈikke ˈhjemme?
Mikkel : ˈNej, hun er i ˈfitnessˌcenˊtret.
Klaus   : Nu iˈgen?
Mikkel : ˈJa. Hun ˈelsker ˈfitness. ˈNå, vil du have ˈkaffe eller ˈteˊ?
Klaus   : Det er ˈlige ˈmeget.
Mikkel : ˈSå drikker vi en kop ˈkaffe, ˈikke?
Klaus   : ˈJoˊ. Har du ˈnoget ˈsukker?
Mikkel : ˈJa, det ˈstårˊ ˈlige ˈderˊ.
Klaus   : ˈTak skal du ˈhaˊve.
Mikkel : ˈHer er ˈkaffen. ˈVærˌsgoˊ. Vil du ˈogså ˈhave lidt ˈmælˊk?
Klaus   : ˈJa ˈtak.
Mikkel : ˈNu skal jeg ˈhente den. Den ˈstårˊ i ˈkøleˌskaˊbet.
Klaus   : ˈTuˊˌsind ˈtak.

Vi vil gerne have kalvefilet med ris

Mikkel : Vi vil ˈgerne haˈve ˈspiseˌkortet.

Tjeneren : ˈVærˌsgoˊ.

Mikkel : Hvad skal ˈdu ˈhaˈve?

Anna : ˈKalvefilˌet med ˈgrøntˌsager og ˈriˈs.

Mikkel : Jeg vil ˈhellere have frikaˈdeller med karˈtoffelsaˌlaˈt.

Anna : Skal vi ˈikke ˈhaˈve en flaske ˈrødˌviˈn?

Mikkel : Jeg vil ˈhellere ˈhaˈve en ˈøl.

Anna : ˈOˈk. ˈTjener!

  Vi vil ˈgerne ˈhaˈve en gang ˈkalvefilet med ˈriˈs og ˈgrøntˌsager og ˈtoˊ frikaˈdeller med karˈtoffelsaˌlaˈt og ˈtoˊ ˈTuˌborˈg.

  ...

Tjeneren : ˈVærˌsgoˊ.

Mikkel : ˈTak.

Anna : ˈUhm! ˈDet er en ˈlækker ˈkalvefiˌlet. Hvorˈdan er ˈdine frikaˈdeller?

Mikkel : ˈDe er ˈgode, men karˈtoffelsaˌlaˈten er ˈkedelig. ˈHvad med dine ˈgrøntˌsager?

Anna : ˈDe er ˈgode. Vil du ˈsmage?

Mikkel : ˈUhm! ˈDe er ˈlækre. ˈSkåˈl!

Anna : ˈSkåˈl!

Vi har tilbud på 10 appelsiner i dag

Grønthandleren : ˈHej!

Anna : Jeg vil ˈgerne ˈhaˈve nogle appelˈsiˈner.

Grønthandleren : Hvor ˈmange?

Anna : ˈFemˊ, ˈtak.

Grønthandleren : Vi har ˈtilˌbud på ˈ10ˊ appelˈsiˈner i ˈdaˈg.

Anna : ˈNejˊ ˈtak.

Grønthandleren : ˈVærˌsgoˊ. ˈElˊlers ˈandet?

Anna : ˈJa ˈtak, jeg vil ˈogså ˈgerne ˈhaˈve noget toˈmaˈtˌjuice.

Grønthandleren : Hvor ˈmeget?

Anna : En ˈliter.

Grønthandleren : ˈVærˌsgoˊ. ˈNoget ˈandet?

Anna : ˈJa, jeg vil ˈogså ˈgerne ˈhaˈve en ˈanaˌnas.

Grønthandleren : Vi ˈhar ˈikke ˈflere i ˈdaˈg.

Anna : ˈNå, ˈdet gør ˈikke ˈnoget. Så ˈtagerˊ jeg ˈbare en meˈloˈn. ˈHvad bliver ˈdet?

Grønthandleren : ˈ4ˈ7ˊ,ˈ50ˊ kr. Beˈtaˈler du med ˈkort eller konˈtanˈt?

Anna : Konˈtanˈt. ˈVærˌsgoˊ.

Grønthandleren : ˈTak skal du ˈhaˈve.

Anna : Farˈvel.

Grønthandleren : Farˈvel, ˈtak.

Det er solskinsvejr i dag

Eva : ˈEva ˈJensen.

Ida : ˈHej ˈEva. ˈDet er ˈIda.

Eva : ˈHej ˈIda. ˈHvor ringer ˈdu ˈfraˊ?

Ida : Fra ˈGrønˌlanˊd,

Eva : ˈGrønˌlanˊd? ˈHvad laver du ˈderˊ?

Ida : Jeg er på ˈferˊie.

Eva : ˈHvor er du ˈhenne i ˈGrønˌlanˊd?

Ida : I Narˈsassuˌaq.

Eva : Narˈsassuˌaq? ˈHvorˊ ligger ˈdet ˈhenne?

Ida : Omˈkringˈ ˈ5ˊ00 ˈkˈmˊ ˈsydˌøst for ˈNuˌuk.

Eva : Er det ˈikke ˈkolˊdt ˈderˊ?

Ida : ˈNejˊ, ikke ˈrigtig. ˈSoˊlen ˈskinˊner, og ˈher er ˈ14 ˈgrader ˈvarˊmt. Hvorˈdan er ˈvejrˊet i Købenˈhavˊn?

Eva : ˈDet er ˈikke så ˈgodt. ˈDet ˈregner og ˈblæˊser, men i ˈnæste ˈuge bliver det ˈsolskinsˌvejrˊ.

Ida : ˈTrorˊ du?

Eva : ˈJa, ˈdet ˈsiger de i ˈraˊˌdioˊen.

Hvor ligger Sankt Peders Stræde?

Jean : ˈUndˌskylˊd, ˈveˊd du, ˈhvor Sankt ˈPeders ˌStræde ˈligger?

Gitte : ˈNejˊ, ˈdesˌværre. Jeg er ˈikke ˈherˊ fra ˈbyˊen.
         …

Jean : ˈUndˌskylˊd, hvorˈdan kommer jeg til Sankt ˈPeders ˌStræde? ˈVeˊd du ˈdet?

Anna : ˈJa, ˈdet ˈgør jeg. Du skal ˈovˊer ˈRådhusˌpladsen og ˈnedˊad Vester ˈVoldˌgade, og så er det ˈtredje ˈgade til ˈhøjre.

Jean : Er det ˈlangtˊ?

Anna : ˈNejˊ, ˈdet ˈtagerˊ ˈkun 5-ˈ6 miˈnutter at ˈgåˊ derˈhenˊ.

Jean : ˈTak skal du ˈhaˊve.

Anna : ˈSelˊv ˈtak.

Har du familie?

Søren **:** Vil du ˈmed til konˈcert ˈlørˌdag ˈaften?

Anna **:** Det ˈkanʹ jeg deˈsværre ˈikke. Jeg skal til min ˈmorʹˌmors ˈfødselsˌdaʹg.

Søren **:** ˈHvor ˈgammel ˈbliverʹ hun?

Anna **:** ˈHun bliver ˈ7ˈ8. Min ˈmor og ˈalle mine ˈsøskende ˈkomʹmer ˈogså.

Søren **:** ˈAlle dine ˈsøskende? ˈHvor ˈmange ˈsøskende ˈharʹ du?

Anna **:** Jeg ˈharʹen ˈstoreˌbror på ˈ3ˈ3ʹ og ˈtoʹ ˈhalvˌsøstre på ˈ14 og ˈ15. ˈHvad med ˈdig? Har ˈdu ˈingen ˈsøskende?

Søren **:** ˈNejʹ, jeg er ˈeneˌbarʹn. ˈBorʹ ˈalle dine ˈsøskende ˈherʹ i Købenˈhavʹn?

Anna **:** ˈNejʹ, min ˈstoreˌbror ˈbor i ˈRosˌkilde. ˈHan er ˈgift, og ˈhan og hans ˈkone ˈhar ˈtoʹ ˈbørʹn. ˈDe ˈkomʹmer ˈogså på ˈlørˌdag.

Søren **:** Hvor ˈgamle ˈer ˈderes ˈbørʹn?

Anna **:** ˈPigen er ˈtreʹ et ˈhalʹvt, og ˈdrenʹgen er halvˈandet. ˈDe er ˈbare ˈså ˈsøde!

Hvad er dit drømmejob?

Mikkel **:** ˈHvad laver ˈdu, ˈMads?

Mads **:** Jeg er ˈlærer.

Mikkel **:** ˈDet er min ˈkæreste ˈogså.

Mads **:** Er det ˈrigtigt? Hvor ˈarˌbejʹder hun ˈhenne?

Mikkel **:** Hun ˈarˌbejʹder på ˈVanˌløse ˈSkole. Hun har ˈværet der i ˈtoʹ ˈårʹ ˈnu. Og ˈdu?

Mads **:** Jeg er på ˈStuʹdieˌskolen. Jeg ˈunderˌviʹser ˈudˌlænʹdinge i ˈdanʹsk.

Mikkel **:** Det ˈlydʹer ˈgodt.

Mads **:** ˈJa, jeg har ˈværet der i ˈfemʹ ˈårʹ ˈnu, og jeg er ˈmeget ˈglad ˈfor det. ˈHvad med ˈdig? ˈHvad laver ˈdu?

Mikkel **:** Jeg stuˈdeʹrer på ˈPanuminstiˌtuttet.

Mads **:** ˈPanuminstiˌtuttet? ˈHvad er ˈdet?

Mikkel **:** Det er en ˈdeʹl af Købenˈhavʹns Universiˈteʹt. Jeg studerer mediˈciʹn.

Mads **:** Vil du være ˈlæge?

Mikkel **:** Måˈskeʹ, men jeg vil ˈhellere ˈforske.

Mads **:** Er det ikke ˈsværʹt at blive ˈforsker?

Mikkel **:** ˈJoʹ, ˈmen det er mit ˈdrømmeˌjob!

Mads **:** ˈFinʹt ˈnok!

Er det ikke dyrt at bo i Hellerup?

Mikkel **:** ˈHej ˈJesper. ˈDet er ˈlænge ˈsiden, ˈhvad?
Jesper **:** ˈJa, ˈdet er ˈdet. ˈBor´ du i Københavˈn ˈnu?
Mikkel **:** ˈJa, jeg ˈbor´ i ˈAbsalonsˌgade ˈsamˈmen med min ˈkæreste.
Jesper **:** ˈDet er på ˈVesterˌbroˈ, ˈikke?
Mikkel **:** ˈJoˈ, ˈdet er ˈlige ved ˈVesterˌbroˈ ˈTorˈv. ˈHvad med ˈdig? ˈHvorˈ ˈborˈ ˈdu ˈhenne?
Jesper **:** Min ˈkone og ˈjeg ˈborˈ i et ˈhuˈs i ˈHelleˌrup.
Mikkel **:** ˈWauw. Har du ˈkøbt det?
Jesper **:** ˈNejˈ, ˈdet har jeg ikke. Vi ˈlejer det ˈbare, men det er ˈfedt. Vi har ˈtoˈ ˈstuer, ˈtoˈ ˈsoveˌværelser, et konˈtorˈ – og så selvˈfølgelig ˈbadeˌværelse og ˈkøkken.
Mikkel **:** Er det ˈikke ˈdyrˈt?
Jesper **:** ˈJoˈ.
Mikkel **:** ˈVi har ˈkun en ˈlille ˈlejligˌhedˈ, men den er ˈhyggelig, og så ˈkoster den ˈkun ˈ5.ˈ000 ˈkr. om ˈmåneden ˈinkluˌsiˈve ˈvarme, ˈvanˈd og ˈelektriciˈteˈt.
Jesper **:** ˈJamen, ˈdet ˈlydˈer da ˈfinˈt. ˈNå du, ˈklokken er ˈmange. Jeg ˈhar et ˈmøde om ˈ20 miˈnutter.
Mikkel **:** ˈHej-ˈhej. ˈDet var ˈhyggeligt at ˈsnakke ˈmed dig.
Jesper **:** ˈJa, ˈtak i ˈlige ˈmåde.

Undskyld, jeg kommer for sent!

Klaus **:** ˈHej ˈIda. ˈUndˌskylˈd, jeg kommer for ˈseˈnt!
Ida **:** ˈHvor har ˈdu ˈværet?
Klaus **:** En ˈlille ˈturˈ i ˈbyˈen.
Ida **:** Jeg har ˈventet ˈpå dig i en ˈtime.
Klaus **:** Jeg er ˈkedˈ ˈaf det, men ˈKristian er ˈlige blevet ˈgift, og ˈså ville han ˈgerne ˈgiˈve en ˈomˌganˈg.
Ida **:** Hvor ˈmeget har du ˈdrukket?
Klaus **:** 2-ˈ3 ˈøl.
Ida **:** ˈHvorˌfor har du ˈikke ˈringet?
Klaus **:** ˈØh ...
Ida **:** ˈNå, ˈkom ˈnu! Jeg har lavet ˈmad ˈtil os.
Klaus **:** ˈUhm! ˈDet ˈlydˈer ˈgodt. Jeg er eˈnorˈmt ˈsulten. Jeg har ˈikke ˈspiˈst ˈsiden i ˈmorges.

Så du fjernsyn i går?

Klaus : Så du ˈfjernˌsyˈn i ˈgårˊ?
Eva : ˈNejˊ, hvorˈfor?
Klaus : Der ˈvar en ˈspændende ˈudˌsenˊdelse om ˈdanˊsk ˈkunˊst på ˈDˈRˈ1.
Eva : ˈDanˊsk ˈkunˊst? ˈDet ˈlydˊer interesˈsanˊt. ˈHvad ˈhandlede ˈden ˈomˊ?
Klaus : Om nogle ˈkunstˌmalere, der ˈboede og ˈmalede i ˈSkaˊgen.
Har du ˈaldrig ˈhørˊt ˈomˊ dem?
Eva : ˈJoˊ selvˈfølˊgelig. Jeg ˈsynes, at deres maleˈriˊer er ˈmeget ˈsmukke. Synes du ˈikke ˈogså?
Klaus : ˈJoˊ, de er fanˈtastiske, og ˈudˌsenˊdelsen var ˈvirkelig ˈgod. Hvorˈfor ˈsåˊ du den ˈikke?
Eva : Min ˈlille kuˈsine ˈvar her, og ˈså ˈsåˊ vi nogle ˈbørneˌfilˊm om ˈbjørne.
Klaus : Var de ˈgode?
Eva : ˈJa, de var ˈsøde og ˈsjove, og ˈlille ˈMiˊe ˈelsker ˈfilˊm om ˈdyrˊ.

Har du nogensinde været på Bornholm?

Mikkel : Har du ˈnogenˌsinde været på Bornˈholˊm?
Anna : ˈJa, ˈjeg ˈvar der for ˈtoˊ ˈårˊ ˈsiden. Hvorˈfor?
Mikkel : Jeg kunne ˈgodt ˈtænke mig at rejse derˈovˊer, når vi er ˈfærdige med ekˈsamen.
Kunne ˈdu ˈikke ˈogså?
Anna : ˈDet ˈveˊd jeg ikke ˈrigtig. Jeg ˈsynes, der er ˈdejligt på Bornˈholˊm, men jeg vil ˈhellere til
ˈSkaˊgen. ˈDer har jeg ˈaldrig ˈværet. Har ˈdu?
Mikkel : ˈNejˊ, men jeg ˈtror, det er et ˈgodt ˈsted at holde ˈferˊie. Der er en ˈfestiˌval ˈhverˊ ˈsommer,
har jeg ˈhørˊt.
Anna : ˈJa, jeg ˈsynes, vi skal rejse derˈop.
Mikkel : ˈOˊk.

Har du set min pengepung?

Anna : Har du ˈseˊt min ˈpengeˌpunˊg? Jeg kan ˈikke ˈfinde den.
Mikkel : ˈNejˊ, ˈdet har jeg ˈikke. Hvorˈnårˊ havde du den ˈsidst?
Anna : ˈDet kan jeg ˈikke ˈhuske.
Mikkel : ˈHvad har du ˈlavet i ˈdaˊg?
Anna : ˈJa, jeg stod ˈop i ˈmorges og gik i ˈbad, og da jeg havde spist ˈmorgenˌmad, tog jeg med
ˈbussen ˈudˊ til universiˈteˊtet.
Mikkel : Beˈtalˊte du ˈikke i ˈbussen?
Anna : ˈNejˊ, men jeg ˈviste mit ˈbusˌkort, og ˈdet ˈligger ˈalˊˌtid i min ˈpengeˌpunˊg.
Mikkel : ˈGodt. ˈHvad ˈlavede du så ˈbagˊˌefter?
Anna : ˈUde på universiˈteˊtet ˈkøbte jeg en kop ˈteˊ og gik ˈinˊd i min ˈklasse, og da vi havde haft
grammaˈtik, ˈtog jeg ˈbussen ˈhjemˊ iˈgen.
Mikkel : Måˈskeˊ er din ˈpengeˌpunˊg blevet ˈstjålet i ˈbussen.
Anna : ˈÅh ˈnejˊ! Mit ˈdanˌkort ˈlåˊ i ˈpunˊgen!
Mikkel : Jeg ˈsynes, du skal riˈnge og ˈspærre det.
Anna : ˈJa, ˈdet ˈgør jeg ˈnu.

Se min nye kjole!

Idas mor : ˈHej ˈKlauˈs og ˈIda.

Ida : ˈHej ˈmor. Undˈskylˈd, vi kommer ˈlidt for ˈseˈnt, men vi har været på ˈudˌsalˈg.

Idas mor : Har I ˈkøbt ˈnoget?

Ida : ˈJa, ˈjeg har ˈkøbt en ˈlyseˌrødˈ bluse, og et ˈhvidt ˈtørˌklæde, et par ˈflotte, ˈsorte ˈbukser og et ˈsort- og ˈrødˌstribet ˈtørˌklæde.

Klaus : Og ˈjeg har ˈkøbt en ˈvinˈterˌfrakke og et ˈgråt ˈhalstørˌklæde.

Idas mor : ˈDet ˈlydˈer ˈdyrˈt.

Ida : ˈNejˈ, den ˈlyseˌrøde ˈbluse ˈkostede ˈkun ˈ4ˈ8 ˈkr., og den ˈsorte ˈkostede ˈ5ˈ8 ˈkr., og ˈbukserne var sat ˈ1ˈ30 ˈkr. ˈnedˈ.

Idas mor : Det ˈlyder ˈgodt. Hvad ˈkostede din ˈfrakke, ˈKlauˈs?

Klaus : ˈ8ˈ9ˈ9ˈkr., men den ˈhavde ˈkostet ˈnæsten ˈ18ˈ00 ˈkr.

Ida : ˈSeˈ ˈherˈ! ˈHvad siger du ˈså?

Idas mor : ˈBukserne er ˈflotte, men jeg ˈsynes ˈikke, ˈbluserne er så fanˈtastiske.

Ida : ˈDet synes jeg ˈheller ˈikke, men det var da ˈbilligt, ˈikke?

Idas mor : ˈJo ...

Hvad skal vi give Emil?

Mikkel : Du ˈAnna, er det ˈikke i ˈmorgen ˈaften, vi skal til Eˈmilˈs ˈfødselsˌdaˈg?

Anna : ˈJoˈ.

Mikkel : Hvor ˈgammel ˈbliˈver han?

Anna : ˈ2ˈ5ˈ.

Mikkel : ˈEr han ˈikke ˈældre?

Anna : ˈNejˈ, han er ˈlige så ˈgammel som ˈmig.

Mikkel : ˈHvad skal vi ˈgiˈve ˈham?

Anna : ˈHvad med den ˈnye cˈdˈ med Carl ˈNielsens ˈsange?

Mikkel : ˈUh ˈnejˈ! ˈKlassisk muˈsik er ˈikke ˈnoget for ˈham. Er det ikke ˈbedre at ˈgiˈve ham en ˈbogˈ? Han ˈelsker at ˈlæse i ˈsommerˌferˈien.

Anna : ˈJoˈ, men ˈbøˈger er så ˈdyre.

Mikkel : De er da ˈikke ˈdyrere end cˈdˈer.

Anna : ˈNejˈ, det er måˈske ˈrigtigt ˈnok. ˈHvad med en krimiˈnaˈlroˌmaˈn af ˈJussi ˈAdˈler-ˈOlˈsen? De er ˈmeget popuˈlæˈre, og de ˈkoster ˈkun ˈ9ˈ8 ˈkr. i ˈFøˌtex.

Mikkel : ˈDet ˈlydˈer ˈhelˈt ˈfinˈt. Kan duˈ ˈkøbe ˈeˈn? Jeg har ˈikke ˈtid ˈi ˈmorgen.

Anna : ˈJa, ˈdet skal jeg ˈnok. Jeg skal alˈligeˌvelˈ ˈkøbe ˈinˈd til ˈweekˌenˈden.

Min kæreste er den flotteste fyr i verden

Anna : Du ˈkender ˈLucas, ˈikke?

Mikkel : ˈLucas? ˈØh, ˈhvemˊ er ˈdet?

Anna : ˈDet er min ˈnye ˈkæreste. ˈJoˊ, du ˈkender ˈham ˈgodt.

Mikkel : ˈGør ˈjeg? Hvorˈdan ser han ˈudˊ?

Anna : Han er ˈlidt ˈhøjere end ˈdig, og så har han ˈlyst, ˈkrøllet ˈhårˊ og ˈblåˌgrønne ˈøjne.

Mikkel : Hvor ˈgammel ˈer han?

Anna : Et par ˈår ˈældre end ˈmig.

Mikkel : ˈHam kan jeg ˈalˊtˌså ˈikke ˈhuske.

Anna : ˈJoˊ, det var ˈham, du ˈsnakkede ˈmed til ˈIdas ˈfest.

Mikkel : ˈNåh, ˈham, der stuˈdeˊrer ˈjura.

Anna : ˈJa.

Mikkel : ˈJa, ˈhan er ˈvældig ˈflinˊk. Jeg ˈvidste ˈikke, det var din ˈnye ˈkæreste.

Hun bliver sødere og sødere

Anna : Har du ˈhørˊt, at ˈKlauˊs og ˈIda skal flytte ˈfra hinˈanden?

Mikkel : ˈNejˊ, det er ˈikke ˈrigtigt! Hvorˈfor?

Anna : De ˈharˊ en ˈmasse proˈbleˊmer. ˈIda ˈsiger, de er ˈalˊt for forˈskelˊlige.
Hun ˈsynes, ˈKlauˊs bliver ˈmere og ˈmere ˈkedelig.

Mikkel : ˈNejˊ, ˈveˊd du ˈhvad! ˈKlauˊs er det ˈflinkeste og ˈmest ˈhjælpˌsomˊme ˈmenneske, jeg ˈkender.

Anna : ˈJa, men han er ˈogså ˈmeget ˈstille, og så ˈelsker han at se ˈfjernˌsyˊn, og han er ˈnærig.

Mikkel : ˈNejˊ, ˈdet er han ˈikke, men han ˈtænker måˈskeˊ ˈlidt ˈmere økoˈnoˊmisk end ˈIda.
ˈHun vil jo ˈhelˊst ˈkøbe det ˈsmarˊteste ˈtøjˊ, hun kan ˈfinde, og gå på de ˈdyreste caˈféˊer i
ˈhele Købenˈhavˊn, og ˈdet har de ˈsimˊpeltˌhenˊ ˈikke ˈrådˊ til.

Anna : ˈNu ˈsynes jeg, du ˈoverˌdrivˊer!

Mikkel : ˈSå, ˈså. ˈGodt ˈorˊd iˈgen! ˈDet er jo ˈikke ˈos, der skal ˈskilles, ˈvel?

Det kommer an på, hvad det koster

Ida : ᴵHej ᴵAnna. Vil du ᴵikke ᴵmed på Café ᴵRust i ᴵaften?

Anna : Det kommer ᴵan ᴵpå´, ᴵhvem´ der ᴵspiller?

Ida : En ameriᴵkan´sk ᴵgruppe. Jeg kan ᴵikke ᴵhuske ᴵhvem´, men jeg ᴵtror´, de er ᴵgode.

Anna : ᴵVed´ du, hvad det ᴵkoster?

Ida : ᴵ1ᴵ20 ᴵkr. Det er da ᴵikke så ᴵdyr´t, ᴵvel?

Anna : ᴵUh, det er ᴵdyr´t. Jeg har ᴵikke så ᴵmange ᴵpenge. Kan jeg ᴵlåne af ᴵdig?

Ida : Det kommer ᴵlidt ᴵan ᴵpå´, hvorᴵnår´ jeg får dem ᴵtil₁bage. ᴵJeg har ᴵhel´ler ᴵikke så ᴵmange ᴵpenge. Jeg skal ᴵsnar´t betale ᴵhus₁leje.

Anna : Du kan ᴵfå´ dem den ᴵførste.

Ida : ᴵHvor₁for har du ᴵikke ᴵnogen ᴵpenge?

Anna : ForᴵdiᴵJeg ᴵikke har fået ᴵløn´ ᴵend₁nu, men det ᴵfår´ jeg i ᴵov´er₁morgen.

Ida : ᴵSå er det ᴵikke ᴵnoget proᴵble´m. Skal vi ᴵcykle ᴵin´d til Café ᴵRust?

Anna : ᴵJa, hvis det ᴵikke ᴵregner.

Ida : Hvis det ᴵregner, taᴵ´ger vi ᴵbare ᴵbussen, ᴵikke?

Anna : ᴵJo, ᴵdet ᴵgør vi. Jeg kommer ᴵhen´ ᴵtil dig ved ᴵ2ᴵ1´-ᴵtid´en. ᴵHej så ᴵlænge.

Ida : ᴵHej-ᴵhej.

Hvad siger du?

Jean : Skal vi ᴵdanse?

Ida : HvadbeᴵhaᴵĜer?

Jean : Jeg ᴵspørger, om du vil ᴵdanse med ᴵmig.

Ida : ᴵDet vil jeg ᴵgerne. Hvad ᴵhed´der du?

Jean : Hvad ᴵsiger ᴵdu?

Ida : Jeg ᴵspør´ger, ᴵhvad du ᴵhed´der.

Jean : Jeg hedder ᴵJean. Hvad med ᴵdig? ᴵHvad ᴵhed´der ᴵdu?

Ida : ᴵIda.

Jean : ᴵTina? Hedder du ᴵTina?

Ida : ᴵNej´, jeg hedder ᴵIda.

Jean : ᴵHvad?

Ida : Jeg ᴵsiger, at jeg hedder ᴵIda.

Jean : ᴵFin´t ᴵnok. ᴵHej ᴵIda.

Ida : Er du ᴵikke ᴵdansker?

Jean : Hvad ᴵsiger du?

Ida : Jeg ᴵspør´ger, om du ᴵikke er ᴵdansker.

Jean : ᴵNej´, jeg ᴵkom´mer fra ᴵFrankrig, men jeg har ᴵbo´et her i ᴵfire ᴵår´.

Ida : I ᴵfire ᴵår´?

Jean : ᴵJa, men ᴵved´ du ᴵhvad? Jeg kan ᴵnæsten ikke ᴵhøre, hvad du ᴵsiger. Skal vi ᴵikke gå et ᴵandet ᴵsted ᴵhen´?

Ida : ᴵJo´, ᴵdet kan vi ᴵgodt.

Cd-oversigt

1. **Introduktion**

Lektion 1
2. Dialog
3. Udtaletræning
4. Lytteøvelse

Lektion 2
5. Dialog
6. Udtaletræning
7. Lytteøvelse

Lektion 3
8. Dialog
9. Udtaletræning
10. Lytteøvelse

Lektion 4
11. Dialog
12. Udtaletræning
13. Lytteøvelse

Lektion 5
14. Dialog
15. Udtaletræning
16. Lytteøvelse

Lektion 6
17. Dialog
18. Udtaletræning
19. Lytteøvelse

Lektion 7
20. Dialog
21. Udtaletræning
22. Lytteøvelse

Lektion 8
23. Dialog
24. Udtaletræning
25. Lytteøvelse

Lektion 9
26. Dialog
27. Udtaletræning
28. Lytteøvelse

Lektion 10
29. Dialog
30. Udtaletræning
31. Lytteøvelse

Lektion 11
32. Dialog
33. Udtaletræning
34. Lytteøvelse

Lektion 12
35. Dialog
36. Udtaletræning
37. Lytteøvelse

Lektion 13
38. Dialog
39. Udtaletræning
40. Lytteøvelse

Lektion 14
41. Dialog
42. Udtaletræning
43. Lytteøvelse

Lektion 15
44. Dialog
45. Udtaletræning
46. Lytteøvelse

Lektion 16
47. Dialog
48. Udtaletræning
49. Lytteøvelse

Lektion 17
50. Dialog
51. Udtaletræning
52. Lytteøvelse

Lektion 18
53. Dialog
54. Udtaletræning
55. Lytteøvelse

Lektion 19
56. Dialog
57. Udtaletræning
58. Lytteøvelse

Lektion 20
59. Dialog
60. Udtaletræning
61. Lytteøvelse

Lektion 21
62. Dialog
63. Udtaletræning
64. Lytteøvelse

Lektion 22
65. Dialog
66. Udtaletræning
67. Lytteøvelse

Lektion 23
68. Dialog
69. Udtaletræning
70. Lytteøvelse

Lektion 24
71. Dialog
72. Udtaletræning
73. Lytteøvelse

Lektion 25
74. Dialog
75. Udtaletræning
76. Lytteøvelse

77. **Det fonetiske alfabet**